Josef Griesbeck · Das kleine Hochzeitsbuch

Josef Griesbeck

Das kleine Hochzeitsbuch

Praktische Anregungen und Informationen

Kösel

Lektorat: Josef Pöllath

CIP-Titelaufnahme der Deutschen Bibliothek

Griesbeck, Josef:
Das kleine Hochzeitsbuch : prakt. Anregungen u. Informationen / Josef Griesbeck. – München : Kösel, 1988
ISBN 3-466-36309-8

Gesamtherstellung: Kösel, Kempten
Umschlag: Elisabeth Petersen, Glonn
ISBN 3-466-36309-8

Inhalt

Einladung . . .

zum lesen und nachdenken
wenn zwei
zusammengefunden haben
wenn sie planen
oder sich vortasten
jedenfalls und spätestens dann
wenn sie für ihre gemeinsamkeit
schöne sachen suchen
wenn sie hochzeit machen
ideen für die zeit davor
zum fest
und für die zeit danach

Ich habe einen Schnee gehäuft

Ich habe einen Schnee gehäuft
zwischen dich und mich
er schmolz unter deinem Lächeln.

Ich habe einen Berg gesetzt
zwischen dein Wort und meins
er versank unter deinem Schritt.

Ich ließ fließen Ströme des Zorns
sie verrannen
ich blies an die Feuer der Zweifel
sie erloschen
ich rüttelte am Tor deiner Gewißheit
du standest fest.

Ich streute in deinen Wein
süß wie die Sonne
das bittere Salz meiner Wahrheit
du trankst ihn mit Lust:

Hoch in deinem wolkenlosen Himmel
fliegt ein bunter Vogel
dein Schrei.

Johanna Moosdorf

Was erwarte ich mir von einer Ehe?

Den folgenden Test sollten beide unabhängig voneinander durchführen und anschließend miteinander darüber reden!

	richtig	weniger zutreffend	nicht zutreffend	weiß nicht
Daß wir uns nach einem Streit gleich wieder versöhnen				
Daß keine Fluch- und Schimpfnamen genannt werden				
Daß jeder von uns niemals mehr einsam ist				
Daß ich Sicherheit von meinem Partner bekomme				
Daß die Frau den Beruf aufgibt, wenn ein Kind kommt				
Daß ich immer informiert bin, wohin mein Partner geht und wann er zurückkommt				
Daß beide ihre Freiheit behalten				
Daß wir über den Glauben reden und ihn praktizieren				
Daß jeder seine Ansprüche ein wenig zurückstellt				
Daß Treue und Vertrauen oberste Güter sind				
Daß ich alle meine Sorgen mit jemandem besprechen kann				
Daß Geldangelegenheiten gemeinsam besprochen werden				
Daß Haushalt und Kindererziehung beide angeht				

Die Ehe gestalten

So . . .	. . . oder so
Wer Geld hat/verdient, ist am Drücker.	Der Mensch ist mehr wert als Geld.
Konflikte vermeiden.	Konflikte ansprechen und Lösungswege suchen.
Wenn es im Bett stimmt, dann stimmt auch die Ehe.	Wenn die Ehe stimmt, dann stimmt es auch im Bett.
Ein wenig Eifersucht schadet nicht.	Ich gebe keinen Anlaß zur Eifersucht.
Niemals mehr allein sein.	Wenn ich allein bin, dann freuc ich mich auf dein Kommen.
Der Mann ist das Haupt der Familie.	Es gibt Unterschiede und keine Gleichheit; es gibt eine Gleichberechtigung, aber keine Berechtigung zum Vorrecht.
Der Partner muß mir Glück und Sicherheit garantieren.	Das Glück und die Sicherheit muß man sich immer wieder erarbeiten.
Streit schadet der Ehe und den Kindern.	Fair streiten entlastet und verbindet.
Absolute Treue.	Ich bin dir treu, weil ich dich liebe.

Von einer guten Ehe kann man reden ...

- Wenn sich beide Partner ein Höchstmaß an Freiheit zugestehen. Über Möglichkeiten zur persönlichen Entfaltung muß das Gespräch angstfrei geführt werden können.
- Wenn gegenseitige Mitteilungen die Regel sind und keiner den anderen vor vollendete Tatsachen stellt, bevormundet oder übergeht (z. B. bei größeren Anschaffungen, Freizeitunternehmungen etc.).
- Wenn sich beide Partner bemühen. Nur den Menschen mag man, für den man sich aktiv einsetzt.
- Wenn Interessen nicht durch Druck, Geld oder andere Überlegenheiten durchgesetzt werden (z. B. »wenn du nicht dieses oder jenes tust, dann ...«). Wenn auch dann dem Partner das Seine zugestanden wird, wenn keine Übereinstimmungen erzielt werden.
- Wenn das gegenseitige Vertrauen im Vordergrund steht. Zum Beispiel: Grundsätzlich glauben, was der andere sagt.
- Wenn nicht das Siegen- und Besiegtwerden Verhaltensmaßstab täglicher Entscheidungen ist, sondern Übereinstimmung und Versöhnung Ziel sind.
- Wenn »heilende Worte« überwiegen und nicht Verletzungen in Wort und Tat. Zum Beispiel: »Du warst schon immer so!« Oder etwas tun, das die Beziehung stört. (Nicht selten sind Unordnung und Passivität Symptome einer verweigerten Zusammenarbeit.)
- Wenn das Gespräch mit dem Partner gesucht wird, auch wenn dies schon öfter gescheitert ist.
- Wenn einem gut geführten Streit Nachgeben und Verzeihen folgt.
- Wenn nach 5 (oder 20 Jahren) Sätze gesprochen werden wie: »Ich würde dich wieder heiraten!«
- Und zu guter Letzt: Nicht alles kann vollkommen sein!

Sind sie schon abgenabelt?

Natürlich – schon zweimal! Einmal gleich nach der Geburt und dann, als sie nach den Kinderjahren ein wenig oder auch stärker in Opposition zum elterlichen Heim gegangen sind.
Zur Ehereife eines Menschen gehört aber auch, allein und eigenständig leben zu können. Dazu muß man nicht unbedingt als Junggeselle(in) irgendwo außerhalb leben mit all seinen Freiheiten, Enttäuschungen und Heimweh.
Aber: wer nur von einer Klebestelle (überstarke Bindung an das Elternhaus) zur anderen überwechselt, wird an der nicht stattgefundenen Abnabelung leiden und der Partner mit ihm!
Wer frei und selbständig leben und auch Einsamkeiten ertragen kann, wird ein besseres und glücklicheres Ja zum Partner sagen können.
Wer sagen kann: »Ich kann allein ganz gut leben, aber mit dir ist es schöner!«, ist reif für eine Partnerschaft!

Wünsche einer Mutter an ihren Sohn

Ich wünsche dir eine Frau, die dich annimmt,
nicht nur in den Stunden der Zärtlichkeit
und Freude, sondern auch in deiner Fremdheit
und in deinem Versagen.

Ich wünsche dir eine Frau,
zu der du nach Hause kommen kannst,
wenn du beschwert bist
von Mißerfolgen und Niederlagen,
und wenn du dich selbst nicht mehr leiden kannst.

Ich wünsche dir eine Frau, die dich versteht,
auch wenn sie dein Verhalten
nicht gut finden kann.
Eine Frau, die dir aufrichtig
ihre Überzeugung sagt
und dich dabei ihre Liebe so spüren läßt,
daß sie dich befreit zur Änderung deines Lebens
und für einen neuen Anfang.

Ich wünsche dir eine Frau, die dich herausfordert
zu Ritterlichkeit und Fairneß
allen Menschen gegenüber, auch denen,
die schwach und alt und verachtet sind
in unserer Gesellschaft.

Ich wünsche dir eine Frau, die mit dir
über eure Zweierschaft hinaus sucht
nach der größeren Gemeinschaft
mit euren Mitmenschen
und nach der größten und tiefsten Gemeinschaft,
die es gibt, nach der Gemeinschaft mit Gott.

Ich wünsche dir eine Frau,
die ihren Glauben nicht verleugnet,
wenn du oder andere zweifeln oder kritisieren,
und die dich dennoch liebbehält
und dich herausliebt aus deinen Dunkelheiten.

Ich wünsche dir eine Frau,
die ihre eigene Armut vor dir zugeben kann
und nicht zu stolz ist,
für ihr ganzes Leben und die Gemeinschaft mit dir
Gott zu danken.

Gerhard Kiefel

Wachsen

Wenn
du
mich
zart und sanft berührst,
wenn du
mich anschaust
und mir zulächelst,
wenn du mir
zuhörst,
bevor du redest,
werde ich
wachsen,
wirklich wachsen.

James/Jongeward

Eine Traumwohnung für uns zwei

Es ist uns ebenso ergangen wie vielen uns befreundeten Ehepaaren. Wir entdeckten beim Einkaufsbummel für unsere gemeinsame Wohnung so viele hübsche Sachen. Herrliche Dinge haben wir in unser Heim hineinarrangiert, und wir fanden alles wunderbar. Aber dieses »Wunderbar« hielt sich nur so lange, bis das erste Kind kam. Was machen wir mit dem Wohnzimmertisch mit Glasplatte, wenn das Kind auf die kantigen Ecken fällt? Was mit den Schubläden, die von Babys so gerne aufgemacht und ausgeräumt werden? Der Teppichboden, wenn er vom Baby durchnäßt oder beschmiert wird? Die Steckdosen, die empfindliche Tapete, der Balkon mit Quer- statt Längsbrettern, die in einem halben Meter Höhe stehende Stereo-Anlage, der rutschende Teppich in der Küche, Arzneien und chemisches Zeug muß woanders hin, der langfasrige Teppich wird immer wieder stückweise in das Kindermündchen geschoben; nicht wieder gutzumachende Kratzer am Wohnzimmerschrank, der Bodenkerzenständer und die Bodenvase, die vom ersten Stock ausgehende, ungeschützte Treppe und so weiter und so fort . . .

Ring der Treue

Wie der Ring den Finger ganz
umschließt, so umschließe das
Band der Treue jene beiden,
welche diese Ringe tragen.
Darum bitten wir: Jesus Christus, segne diese
Ringe und schütze diese Ehe
vor allem, was sie je bedroht. Aus dem Trauritus

Da ist mein Haus

Da ist mein Haus,
wo ich sein darf, der ich bin.
Wo wir beide uns jeden Tag finden.
Wo unsere vertraute Ecke ist.
Wo unser Leben Wurzeln schlagen kann.

Ein Haus, das wir für uns abschließen können,
und ein Haus, das offen ist für Freunde und
Fremde.
Ein Haus, wo man keine Masken zu tragen
braucht,
und ein Haus, nicht lechzend nach dem »letzten
Schrei«.
Ein Haus, das den ganzen Tag uns ruft,
und ein Haus, zu dem wir nach der Tagesmühe
eilen.

Wir brauchen einen Ort der Heimat,
darin uns zwei Dinge verbinden:
Miteinander essen an einem Tisch,
und das Bett ist nicht nur zum Schlafen da!

Das neue Namensrecht

Den Familiennamen können die beiden Heiratswilligen selbst bestimmen! Man kann den Geburtsnamen der Frau oder den des Mannes nehmen. Die gemeinsamen Kinder tragen dann auch den gewählten Namen.
Vor dem Standesamt muß man seine Absicht kundtun, sonst wird der Familienname des Mannes genommen.
Der bisherige Name kann aber auch weiterhin geführt werden. Dieser wird aber gleich hinter den Vornamen gestellt.
Beispiel: Eva Bauer heiratet Adam Noll
Möglichkeit 1: Eva und Adam Noll
Möglichkeit 2: Eva und Adam Bauer
Möglichkeit 3: Eva Bauer-Noll
Möglichkeit 4: Adam Noll-Bauer
Den früheren Namen kann man sich auch noch später am Standesamt geben lassen. Bedingung ist nur, daß beide Namen bei verbindlichen Unterschriften ausgeschrieben werden.
Die Kinder bekommen grundsätzlich den Namen, der von beiden als Familienname geführt wird. Beispielsweise bekommt der Sohn Ralf der Eheleute Adam Noll-Bauer und Eva Bauer den Namen Ralf Bauer.

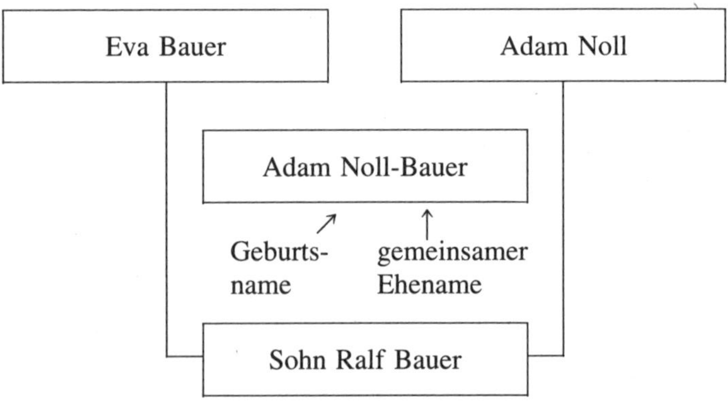

Am Polterabend poltert es

Und nicht nur an diesem Abend. Im Leben eines Menschen poltert es immer wieder, wenn Unvorhergesehenes kommt oder beispielsweise bei tiefen Meinungsverschiedenheiten! So kann man den aus der vorchristlichen Zeit stammenden Brauch auch verstehen: Die Geister und Unholde mußten vor der Ehe vertrieben werden, damit sie nicht das Glück dieser jungen Verbindung stören. Auch noch in einem anderen Zusammenhang kann man den Polterabend sehen: Jemand nimmt Abschied! Darum wurde dieser Abend verschiedentlich auch Burschen- oder Jungmädchenabschied genannt und am Abend vor dem Hochzeitstag begangen. Und wenn für einen jungen Mann diese »Burschenherrlichkeit« vorbei ist, so muß das gebührend und polternd gefeiert werden.

Es gibt mehrere Formen und Möglichkeiten. Auch wenn ein bestimmter Brauch eingeführt ist, sollten sie trotzdem in gemeinsamer Absprache den Mut haben, diesen Abend so zu begehen, wie sie ihn gerne haben möchten. Dazu einige Gedanken:

- Wenn es Brauch ist, daß viel Geschirr zertrümmert wird, (weil Scherben angeblich Glück bringen, so denken sie an altes, unbrauchbar gewordenes Geschirr oder auch daran, daß dies ganz im Sinne unserer »Wegwerfgesellschaft« ist! Wollen sie da wirklich mitmachen und möchten sie wirklich vor aller Augen das Zusammenkehren der Scherben übernehmen, nur »weil es so Brauch ist«?
- Wenn es Brauch ist, daß der Polterabend getrennt gefeiert werden muß, dann überlegen sie, ob sie mit einem guten Vorschlag nicht auf ein sinnvolleres »Abschiednehmen« hinwirken können?
- Wenn es Brauch ist, daß dem Bräutigam (in Abwesenheit der Braut) ein Vollrausch angehängt werden muß und das mit

Zwangsmitteln, dann überlegen sie gemeinsam, wie sie das umgehen können! Wo ein Wille, da ist auch ein Weg!

- Wenn es Brauch ist, daß Freunde mit dem Bräutigam groben Unfug anstellen müssen, dann können sie vorher höflich und eindringlich bitten, das zu unterlassen!
- Sollte der Polterabend nicht einige Tage vor der Hochzeit sein, damit sie ausgeruht den Hochzeitstag begehen können? Bei diesem geselligen »Vorhochzeitstermin« können die Freunde und Bekannten mit einer Hochzeitszeitung (vgl. Seite 45) aufwarten. Auf diese Weise wird der »Polterabend« fröhlich, humorvoll und entspricht der Gesellschaftsform heutiger Menschen und nicht dem Denken an »die Austreibung böser Geister«!

Hochzeitsvorbereitungen in Stichworten

Stichwort *Hochzeitstermin*

Für viele gilt die Reihenfolge: Musikkapelle, Gasthaus, Pfarramt. Und dann sind die Brautleute verwundert, wenn der Kaplan oder Pfarrer nicht zu diesem Termin Zeit hat. Hier muß gefragt werden, was bei den Brautleuten Vorrang hat. Auch die Frage kann gestellt werden, ob es wirklich immer ein Samstag sein muß, Sonntags- und Werktagstermine sind auch geeignet und möglich!
Auch früher nahm man sich für ein solches Fest Zeit (= Urlaub). Sprechen sie aber auch mit beiden Elternpaaren über den Hochzeitstermin!

Stichwort *Aufgebot*

Das Aufgebot beim Standesamt muß bestellt und die Termine der standesamtlichen und kirchlichen Trauung abgestimmt werden. Am besten 7 Wochen vor dem geplanten Termin.

Stichwort *Gasthaus*

Über des »Wie« kann man ausführlich mit Gasthausinhabern sprechen. Wie ist die Sitzordnung (daß man auch leicht und zwanglos mal den Platz wechseln kann, daß die Gemeinschaft aller zum Ausdruck kommt)? Essen (Kaffee und kaltes Buffet am Abend oder ein Essen mit mehreren Gängen), Raumgestaltung und Bedienung (Zeiten einhalten, dezente, freundliche und aufmerksame Bedienung) sollten abgesprochen werden.

Stichwort *Hochzeitsanzeigen*

Handgeschriebene Anzeigen oder Einladungen wirken persönlicher. Oder man läßt diese drucken und schreibt etwas

Persönliches dazu. Das ist mehr wert als aufwendiges Papier! Sollen in der Tagespresse Hochzeitsanzeigen veröffentlicht werden? Zeitaufwendig, aber empfehlenswert ist es, wenn Einladungen persönlich überbracht werden.

Stichwort *Trauzeugen*

Trauzeuge kann jede volljährige Person sein. Als Trauzeugen können bei der standesamtlichen Trauung andere fungieren als bei der kirchlichen. Die Brautleute werden sich absprechen, wer dazu gebeten werden sollte (müssen es immer nur Männer sein oder die Väter oder Verwandte?).

Stichwort *übernachten und wohnen*

Auswärtigen Gästen könnte eine Übernachtungsmöglichkeit angeboten werden! Über die Wohnung der neuen Eheleute besteht sicherlich schon ein Plan! Auf eine eigene Wohnung (eigener Eingang) oder eine Wohnung abseits der Elternhäuser soll wenigstens in der Anfangszeit nicht verzichtet werden!

Stichwort *Hochzeitsgeschenke*

Die Angst besteht sicher zu Recht, daß ohne Reglementierung oft sinnlose und dem Brautpaar nicht dienende Geschenke überreicht werden. Viele legen daher eine Geschenkliste an: Den Gästen wird vorher eine Liste von Wunschgegenständen gezeigt, aus der man sich etwas zum Schenken aussuchen kann. Es kann unter Umständen für ein Brautpaar dringlich sein, Geld mit einem kleinen beigegebenen Geschenk zu überreichen. Folgende Überlegungen seien noch angebracht:

- Es ist gut, wenn die Geschenke noch lange an die Hochzeit bzw. an den Geber erinnern.

• Geschenke, die etwas mit der Ehe und Liebe zu tun haben, (z. B. eine Wiege, Bild) haben sicherlich eine größere Bedeutung als Gebrauchsgegenstände (wie z. B. Bügeleisen, Küchengerät etc.).
• Hinter Geschenken, die nicht den Geschmack der Brautleute finden, kann man immer noch die gute Absicht und Freude des Gebers entdecken.

Stichwort *Fotografieren*

Die Atelieraufnahme des Brautpaares sollte terminlich so gelegt werden, daß die Hochzeitsgäste nicht längere Zeit ohne Brautpaar sind (am besten wird der Termin vor das Eintreffen der Gäste gelegt).
Ein Gruppenbild ist überlegenswert.
Das Fotografieren in der Kirche kann störend sein. Sprechen sie mit dem Pfarrer darüber! Es soll jedenfalls nicht so sein, daß die Fotografen die (Altar-)Szene beherrschen. Vielmehr sollen sie auf ein dezentes Vorgehen aufmerksam gemacht werden: Fotografieren ohne Blitzlicht, häufigen Standortwechsel, Mittelpunktpositionen wie Altarstufen, Kanzel u. ä. meiden.

Stichwort *Kleidung*

Die Kleidung richtet sich nach dem Geschmack der Brautleute. Verwirklichen sie sich ihre Wünsche und Vorstellungen für diesen Tag! Einige Anmerkungen könnten Anregung sein:
• Manche Gäste wollen vorher wissen, was angebracht ist. Darüber kann man reden.
• Der Braut gehört das »Weiß«, falls nichts anderes (z. B. Tracht) bevorzugt wird.
• Für Gäste könnte als Tip gelten: Kleiden sie sich nicht eleganter als Braut und Bräutigam!

- (Braut-)Schuhe einige Zeit vorher zu Hause einlaufen.
- In der Kirche könnte es kühler sein als draußen, besonders wenn die Trauung in einer alten Kirche stattfinden soll. Es ist daher empfehlenswert, besonders Kirchen-Fernstehende an entsprechend warme Kleidung zu erinnern.
- Besonders bei langen Kleidern das Gehen üben (kleine Schritte machen).
- Vorsorge tragen: Sicherheitsnadeln u. ä. mitnehmen.

Stichwort *Hochzeitsmanager*

Nach altem Brauch ist für die organisatorische Abwicklung der sogenannte Hochzeitslader verantwortlich. Aber es könnte sein, daß sie diese oft sehr rituelle Tagesabwicklung nicht wollen. Sie sollen sich aber nicht um die vielen Kleinigkeiten kümmern müssen, sondern sich unbeschwert und frei sich selbst und den Gästen widmen können. Ein Bekannter oder naher Verwandter sorgt sich gerne um den Ablauf, wenn sie vorher mit ihm alles besprechen (Platzprobleme, Trinkgelder, Essensabwicklung, nachkommende Gäste, Fahrtendienste, Geschenkeaufbewahrungsstelle usw.).

Stichwort *Ringe*

Ein Ring hat keinen Anfang und kein Ende und gilt daher als Symbol der unendlichen Liebe, die von Gott kommt. Es ist lohnenswert, darüber nachzudenken, mit dem Partner zu sprechen und auch darüber zu meditieren. Ringe müssen rechtzeitig ausgesucht, anprobiert und eventuell graviert werden.

Stichwort *Musik*

Die Musikrichtung ist selbstverständlich Geschmacksache. Oft bleibt es aber unvermeidlich, sich wenigstens etwas den zu erwartenden Gästen anzupassen. Musikgruppen tun das auch häufig, aber nicht immer. Vorher darüber zu reden, ist wichtig. Manche Musiker (und das sind nicht wenige) glauben auch, daß eine Hochzeit ein besonderer Anlaß ist, zotige und zweideutige, oft sogar pornobesetzte Witze und Aussagen einzustreuen. Wollen sie das als Brautpaar wirklich? Es liegt an ihnen, wie sie sich ihren Hochzeitstag gestalten lassen.

Stichwort *Brautstrauß und Brautkerze*

Es ist schön, wenn beides während der Trauung auf dem Altar steht (Vase vorbereiten). Die Hochzeitskerze kann man leicht selbst gestalten oder von Freunden machen lassen (mehr darüber auf den folgenden Seiten).

Stichwort *Braut stehlen . . .*

ist ein alter Brauch! Noch einmal soll der Bräutigam seine Auserwählte suchen und – je nach Brauch – »freikaufen«. Im »Zeitalter der Partnerschaft« wird zunehmend auch der »Bräutigam-Raub« praktiziert. Jedenfalls mögen das die Wirte nicht so gern, weil wenigstens vorübergehend sich die Hochzeitsgesellschaft außerhalb seines Hauses befindet. Darüber kann man aber reden. Oft wird dieser »Brautraub« auch nur bis in das Nebenzimmer oder in die Kellerbar verlegt. Wenn sie das nicht wollen, dann finden sie sicher Mittel und Wege, wie sich dies umgehen läßt. Ansonsten können sie auch überlegen, in welchen Lokalitäten dies stattfinden soll (alkoholisierte Fahrer!). Wie geht es jenen Gästen, die nicht mitfahren/-machen wollen?
Trotz »Spaß muß sein!« darf man auch nach dem tiefenpsychologischen Aspekt dieses Brautstehlens fragen: Spielen da nicht Dinge mit herein, die an Brautraub aus barbarischen Zeiten erinnern? Oder Gedanken an Feen und Prinzessinnen,

die vom Familienclan nicht hergegeben werden, oder geht es gar um ferne Gelüste an das »noch nicht angetastete Weibliche«?

Stichwort *Kinder*

Es wäre eine traurige Hochzeitsgesellschaft, in der die Kinder zu Hause bleiben müßten! Während des ganzen Festes sollen die Kinder gebührend zur Geltung kommen. Nicht selten sind sie es, die einem Fest Fülle und Harmonie geben.
Aber auch das ist Realität: wenn sich (Klein-)Kinder von unbekümmerten Eltern lossagen und während der Trauungszeremonie mit dem Schleier der Braut spielen oder im Altarraum ein Versteckspiel anfangen. Das ist und bleibt eine heikle Sache, weil sich meistens niemand getraut, regulierend einzugreifen, wenn es die eigenen Eltern nicht tun.
Verhaltensregeln dazu gibt es nicht. Nur wer ähnliches schon erlebt oder vorher darüber nachgedacht hat, kann möglicherweise darauf besser reagieren.

Stichwort *Allerei*

- Brautstrauß rechtzeitig aussuchen und bestellen
- Kleingeld für Trinkgelder besorgen
- Bei der Post die Adresse für eventuelle Glückwunschtelegramme und Post angeben
- Ein Brautauto besorgen und schmücken lassen
- Blumenschmuck für die Kirche bestellen
- Soll eine Tonbandaufnahme gemacht werden?

Stichwort *Ruhe und Besinnung*

Spätestens einen Tag vor der Hochzeit soll Wert auf Ruhe und Besinnung gelegt werden.

Papiere, Papiere . . .

Für die standesamtliche Trauung werden folgende Papiere benötigt:

- Geburtsurkunde oder Abstammungsurkunde
- Aufenthaltsbescheinigung des Einwohnermeldeamtes
- gültiger Personalausweis oder Reisepaß

Für die kirchliche Trauung werden folgende Papiere benötigt:

- Heiratsurkunde (oder Bescheinigung über das Aufgebot beim Standesamt)
- Personalausweis
- Taufscheine der Brautleute (dürfen nicht älter als 6 Monate sein) werden in den jeweiligen Taufpfarrämtern ausgestellt.
- Ehevorbereitungsseminare besuchen. Termine erfahren sie im Pfarramt. Die Teilnahme ist empfohlen, jedoch freiwillig.

Gesetzliches über die Ehe

Die Ehegatten regeln die Haushaltsführung im gegenseitigen Einvernehmen. Ist die Haushaltsführung einem Ehegatten überlassen, so leitet dieser den Haushalt in eigener Verantwortung. Beide Ehegatten sind berechtigt, erwerbstätig zu sein. Bei der Wahl und Ausübung einer Erwerbstätigkeit haben sie auf die Belange des anderen Ehegatten und der Familie die gebotene Rücksicht zu nehmen (vgl. BGB, § 1356, Abs. 2).

§ 1360 Bürgerliches Gesetzbuch (BGB):

Die Ehegatten sind einander verpflichtet, durch ihre Arbeit und mit ihrem Vermögen die Familie angemessen zu unterhalten. Ist einem Ehegatten die Haushaltsführung überlassen, so erfüllt er seine Verpflichtung in der Regel durch die Führung des Haushalts (vgl. § 1360a).

Was für eine katholische Eheschließung wichtig ist

1. Nach der Lehre der katholischen Kirche ist die Ehe unter Getauften ein Sakrament, wenn sie nach dem kirchlichen Ritus geschlossen worden ist.

2. Diese kirchliche Eheschießung findet in der Regel innerhalb einer Eucharistiefeier statt, kann aber auch auf Wunsch innerhalb eines Wortgottesdienstes gefeiert werden.

3. Bei konfessionsverschiedenen Ehen ist eine sogenannte ökumenische Trauung möglich, d. h. unter Beteiligung der Amtsträger beider Kirchen. Diese ökumenischen Trauungen finden aber in der Regel ohne Eucharistiefeier in einem Wortgottesdienst mit einem gesonderten Ritus statt. Sprechen sie aber auf jeden Fall mit beiden Seelsorgern.

4. Der Trauung müssen mindestens zwei Trauzeugen beiwohnen, die fähig sind, den Vorgang wahrzunehmen und gegebenenfalls zu bezeugen. Ein vorgeschriebenes Mindestalter besteht nicht.

5. Für die Eheschließung ist ein Brautexamensprotokoll erforderlich, das beide Partner mehrere Wochen vor der Trauung wahlweise beim Wohnsitzpfarrer einer der beiden Brautleute ausfüllen müssen.

6. In der Regel wird zusätzlich die Teilnahme beider Partner an einem Brautleutetag bzw. an einem Ehevorbereitungskurs gefordert. Diese werden mehrmals im Jahr an verschiedenen Orten der Diözese an einem Samstag angeboten. Informationen darüber erhalten sie in jedem Pfarramt.

7. Die Trauung selbst kann an jedem beliebigen Ort stattfinden, muß aber mit dem dort zuständigen Geistlichen abgesprochen sein. In diesem Fall muß der Pfarrer, der das Brautexamensprotokoll aufgenommen hat, die erforderlichen Unterlagen an die Trauungspfarrei senden.

8. Beim Brautexamensprotokoll werden die Brautleute über das Wesen der christlichen Ehe informiert und über ihre Einstellung zur christlichen Ehe befragt. Voraussetzungen zum Eingehen der christlichen Ehe sind:

- Beide Partner müssen ohne Drängen und Nötigung frei eine Ehe eingehen wollen.
- Es darf keine Geisteskrankheit oder Impotenz vorliegen.
- Eine vorliegende Unfruchtbarkeit muß dem Partner mitgeteilt sein.
- Die Ehe muß als unauflöslich anerkannt werden; es darf also bei keinem der Partner ein Scheidungsvorbehalt vorliegen.
- Es muß der Wille gegeben sein, Kindern aus der Ehe das Leben schenken zu wollen.
- Es muß der Wille vorhanden sein, dem Ehepartner die Treue zu halten, also keine weiteren intimen Beziehungen zu Drittpersonen unterhalten zu wollen.
- Die Sakramentalität der christlichen Ehe darf nicht ausgeschlossen werden.

9. *Ein Tip:* Da erfahrungsgemäß die meisten Brautleute ihre Trauung im Mai/Juni wünschen, ist es vorteilhaft, den Termin bereits einige *Monate* vorher mit dem Trauungspriester abzusprechen.

In der Ehe vereint – im Glauben getrennt

Die Versuchung ist groß, vor der Ehe von Toleranz zu träumen und sich auf eine Art »überkonfessionelle Christlichkeit« zu einigen. Oft zeigt aber die Praxis, daß man sich entweder in einer der beiden Kirchen beheimatet fühlt oder daß ein Partner nachgibt. Besonders wenn es später um die Konfession der Kinder geht, bedarf es guter Vorüberlegungen und fairem

Handeln. Für die Trauung und Familiengestaltung gelten folgende Grundlagen:

- Trauungen konfessionsverschiedener Paare erfolgen in der Regel nach der Ordnung der Kirche, in der nach der Entscheidung des Brautpaares die kirchliche Trauung stattfindet.
- Wünscht ein konfessionsverschiedenes Brautpaar die Beteiligung der Pfarrer beider Konfessionen, sollen sie zugleich auch festlegen, in welcher Kirche sie getraut werden wollen.
- Bei Brautpaaren mit evangelisch-katholischem Bekenntnis wird jeweils der Trauritus zugrundegelegt, der in der gewählten Kirche praktiziert wird.
- Wenn ein Ehepartner keiner christlichen Kirche angehört oder konfessionslos ist, so ist in der Regel auch eine kirchliche Trauung möglich, sofern der nichtchristliche Teil die lebenslange Einehe verspricht, dem religiösen Leben des anderen Partners keine Hindernisse in den Weg legt und mit der kirchlichen Trauung einverstanden ist.
- In jedem Fall ist eine eingehende Aussprache mit einem Seelsorger angeraten.
- Der katholische Teil einer konfessionsverschiedenen Ehe ist von seiner Kirche gehalten, die Kinder katholisch taufen und erziehen zu lassen, sofern dadurch Ehe und Familie nicht gefährdet werden. In diesem Fall muß über den katholischen Pfarrer Dispens beim Bischof eingeholt werden.
- Bei Konfessionsverschiedenheit ist die Trauung in der Regel mit einem Wortgottesdienst verbunden. Eine Eucharistie- bzw. Abendmahlfeier ist nicht möglich.
- Besonders katholischen Christen ist es nur unter bestimmten Voraussetzungen gestattet, an anderen Gottesdiensten mit Abendmahlcharakter teilzunehmen. Rücksichtnahme und Gespräche sind in jedem Fall wichtig!

Viele Fragen, Bestimmungen und Unsicherheiten?
»Aber man kann sich auch Situationen vorstellen, in denen zwei Menschen – und vor allem zwei Christen – mit Liebe und Toleranz die gegenseitigen Überzeugungen achten, in denen der eine Kraft für den anderen sein kann oder gar für beide, wie es bei Paulus heißt: ›Der ungläubige Mann ist durch seine Frau geheiligt, und die ungläubige Frau ist durch den Bruder geheiligt‹ (1 Kor 7.14).« *Holländischer Katechismus*

Auszug aus dem Brautexamensprotokoll

Sind Sie mit dem Partner *blutsverwandt* (can. 1091) Linie? Grad? Dispensgesuch mit Stammbaum einreichen!
(Wenn ein Teil nach kirchlich gültiger Ehe verwitwet ist)
Sind Sie mit dem Partner *verschwägert* (can. 1092) Linie? Dispensgesuch mit Stammbaum einreichen!
(Wenn ein Teil in kirchl. ungültiger Ehe gelebt hat, can. 1093)
Ist Ihr jetziger Partner *verwandt* mit der Person, mit der Sie früher zusammengelebt haben?
Gehört ein Teil einer *nichtkatholischen Konfession* an? Welcher?
Besteht eines der folgenden Ehehindernisse zwischen Ihnen? Welches? *Cultus disparitas* (can. 1086), *Weihe* (can. 1087), *Gelübde* (can. 1088), crimen (can. 1090)?
Sind Sie mit dem Partner *gesetzlich verwandt* (Adoption; can. 1094)? Linie? Grad? Dispensgesuch mit Stammbaum einreichen!
Ist ein Teil Mitglied einer kirchlich verbotenen Vereinigung?
Aus der katholischen *Kirche ausgetreten?*
Wenn *konfessionslos:* früher katholisch oder nichtkatholisch?
Steht Ihrer Heirat eine erbliche Krankheit, ein geistiges oder körperliches Gebrechen entgegen? *(Geschlechtliches Un-*

vermögen, Geisteskrankheit). Weiß Ihr Partner davon Bescheid?
Haben Sie Ihrem Partner absichtlich etwas *verheimlicht,* was das spätere Zusammenleben schwer beeinträchtigen könnte? (can. 1098)
Sind Sie darüber belehrt, daß die Ehe von beiden Seiten *frei und ungezwungen* geschlossen werden muß? (can. 1103)
Werden Sie von jemanden durch *Drängen oder Zwang* beeinflußt?
Wie stellen sich Ihre *Eltern* zu Ihrer Eheschließung?
Sind Sie über das Wesen der christlichen Ehe, deren *Rechte und Pflichten belehrt?*
Wollen Sie Ihrem Partner in der Ehe die *eheliche Treue* halten? Wollen Sie diese Ehe unzertrennlich *für das ganze Leben* schließen? Sind Sie grundsätzlich bereit, in Ihrer Ehe *Kindern* das Leben zu schenken?
Bestätigen Sie, daß Ihr Ehewillen *frei* ist *von Vorbehalten* und *Bedingungen* gegen das Wesen der Ehe? (Vorbehalte oder Bedingungen gegen Wesensstücke der Ehe können diese ungültig machen; vgl. can. 1102. Falls Einschränkungen des Ehewillens gemacht würden, müßte die Trauung nötigenfalls verschoben und die Sache dem Bischöflichen Ordinariat vorgelegt werden.)
Wollen Sie sonst noch eine *Erklärung* zu Ihrer Eheschließung abgeben? (nötigenfalls auf Beiblatt)
Wollen Sie in Ihrer Ehe als katholischer Christ leben und den Glauben bezeugen?
(Auszulassen, wenn keine Kinder mehr zu erwarten sind)
Sind Sie sich bewußt, daß Sie als katholischer Christ die Pflicht haben, Ihre Kinder in der katholischen Kirche taufen zu lassen und im katholischen Glauben zu erziehen?
Versprechen Sie, sich nach Kräften darum zu bemühen, dieses sittliche Gebot zu erfüllen, soweit es in Ihrer Ehe möglich ist?

Ist der nichtkatholische Partner über Wesenseigenschaften der Ehe, über Versprechen und Verpflichtung des katholischen Partners unterrichtet?

Ein stimmungsvoller Hochzeitstag

Manche Hochzeiten sind trauriger als Beerdigungen (und umgekehrt). Wenn bei einer Hochzeit keine rechte Stimmung aufkommen will, dann können die Ursachen vielfältig sein. Meistens spielen mehrere Faktoren eine Rolle, und manchmal lassen sich die frohmachenden Dinge gar nicht so recht beeinflussen. Über diesen »Hohen Tag« kann man vorher ein wenig nachdenken und so auch manches steuern:
Da ist zunächst einmal das Brautpaar selbst. Geht von diesen ein einladendes Lachen, ein strahlendes Auftreten aus? Oder schauen sie schon deswegen mies drein, weil an »ihrem Tag« die Sonne nicht scheint. Oder weil sie so in den organisatorischen Ablauf eingespannt sind? Dann die Gäste: Es ist durchaus verständlich, daß Hochzeitsgäste, die nur ein pflichtbewußtes Dabeisein absolvieren, auch lustlos Feiernde sind. Es ist denkbar, daß auf Alkohol ausgerichtete Mitfeiernde unter Mißbrauch der Gastlichkeit eine beginnende Hochzeitsstimmung im Keim ersticken können.
Auch die Art und Weise des Ablaufs kann die Atmosphäre eines Hochzeitstages bestimmen! Besonders zweideutige Witze und deftig-peinliche Einlagen lassen zumindest bei nur einem Teil der Gäste Heiterkeit entstehen. Oder wenn die Sitzordnung nur eine Kommunikation nach links oder nach rechts zuläßt (oft wird die kommunikationsfeindliche sogenannte Hufeisenform gewählt, die an langweilige Königstafeln erinnern). Und wie oft sitzt das Brautpaar isoliert wie auf einem »Pfauentron«, in die gähnende Leere der Saalmitte

blickend und eingerahmt von Gästen, die aufgrund festgelegter Tradition neben dem Brautpaar sitzen müssen.
Schließlich seien noch die besonderen Dinge zum Ablauf erwähnt. Eine besondere Überraschung, persönlich-liebevolle Darbietungen und witzig-aufheiternde Einlagen werden wahrscheinlich mehr Dynamik, Schwung und Fröhlichkeit bringen als Shows und aufgedonnerte Extras oder Alkohol.

Besondere Dinge am Hochzeitstag

Weil es ein Tag ist, den man lange in Erinnerung behalten will, weil man sich an diese Dinge am meisten erinnert, die irgendwie herausragen aus dem Üblichen, sollten sie sich das aussuchen, was ihnen beiden gefällt oder noch besser: seien sie erfinderisch!

Die besondere Begrüßung

Das Brautpaar steht am Eingang der Kirche und begrüßt alle kommenden Gäste mit Handschlag.

Begrüßungstrunk und Agape

Nett fand ich bei einer Hochzeit den Beginn mit Bier und Brezen im Freien oder nach der Trauung einen »Freudentrunk« vor der Kirche. Oder eine Agape: Brot und Wein mit zum Altar bringen und vor Beginn des Essens austeilen und so den Gottesdienstausklang begehen.

Frau und Mann

Gott hat die Frau nicht aus des Mannes Kopf geschaffen, daß er ihr befehle, noch aus seinen Füßen, daß sie seine Sklavin sei; vielmehr aus seiner Seite, daß sie seinem Herzen nahe sei.

Talmud

Einen Baum pflanzen

Jeder Mensch bevorzugt einen bestimmten Baum (oder mehrere). Sie werden etwas über die Bedeutung des zu pflanzenden Baumes (oder deren Früchte) sagen müssen. Auch einen Zimmerbaum gibt es, sollte der Garten fehlen. Wird dieses »Bäumchen« mit in die Kirche genommen, kann darüber auch eine kleine Meditation erfolgen.

Einen Trauungsspruch wählen

Eigentlich ist dies ein alter Brauch. Der Priester gab den Brautleuten einen besonderen Satz mit, sozusagen eine Losung mit auf den Weg. Ähnlich wie sich ein Priester bei der Priesterweihe einen Satz aus der Bibel als Wahlspruch sucht, können es auch die jungen Eheleute halten. Gute Ansätze dazu finden sie in Kolosser 3,10ff.; 1 Korinther 13; und Matthäus 7.

Einige Vorschläge

- Der Herr sprach zu Abraham: »Zieh weg aus deinem Land, aus deiner Heimat und aus deinem Vaterhaus in das Land, das ich dir zeigen werde« *(Gen 12,1)*.
- Du zeigst mir den Pfad zum Leben. Vor deinem Angesicht herrscht Freude in Fülle *(Ps 16,11)*.
- Vertrau auf den Herrn und tu das Gute, bleib wohnen im Land und bewahre Treue *(Ps 37,3)*.
- Wenn nicht der Herr das Haus baut, müht sich jeder umsonst, der daran baut *(Ps 127,1;* vgl. *Mt 7,24–27)*.
- Tag für Tag verharrten sie einmütig im Tempel, brachen in ihren Häusern das Brot und hielten miteinander Mahl in Freude und Einfalt des Herzens *(Apg 2,46)*.

- Fürchte dich nicht, denn ich habe dich befreit, ich habe dich beim Namen gerufen, du bist mein *(Jes 43,1)*.
- Du bist in unserer Mitte, Herr, und dein Name ist über uns angerufen. Verlaß uns nicht *(Jer 14,9)*.

Kreuz und Kreuzchen

Nicht nur die Ringe werden gesegnet und bei der Trauung gegenseitig angesteckt, auch Halsketten mit Kreuzchen. Auch das Kreuz für die gemeinsame Wohnung kann hier gesegnet werden.

Die »Hand fürs Leben« reichen

So wie sich die Brautleute zum Zeichen der Verbundenheit während der Trauungszeremonie die Hand reichen, können es auch die Hochzeitsgäste beim »Vaterunser« machen (Handkette mit dem Brautpaar).

Öffentliche Trauzeugenunterschrift

Gewöhnlich gehen die Trauzeugen im Anschluß an die Trauung bzw. den Gottesdienst in die Sakristei zur Trauzeugenunterschrift. Demonstrativ (= herzeigen, was man tut) kann dies nach der Trauung auf dem Altar geschehen.

Mitgestaltung des Trauungsgottesdienstes

- Mit dem Priester die Gestaltung absprechen.
- Was möchte und kann das Brautpaar übernehmen (Fürbitten, selbstformuliertes Gebet, selbst die Lesung aussuchen, Ministrantendienste)?

- Über die Gestaltung der Trauungsansprache kann man mit dem Priester sprechen.
- Es gibt verschiedene Formen des Eheversprechens.
- Ein Gottesdienstheft für alle Teilnehmer vorbereiten: gemeinsame Gebete, Lieder, Hinweise.
- Die Brautleute gehen beim Friedensgruß zu allen Hochzeitsgästen.
- Sie lernen den Trauungstext auswendig und sprechen diesen frei und selbständig; sie schauen sich dabei gegenseitig an.
- Sie bekreuzigen sich gegenseitig beim Trauungsspruch.

Samen für das Leben

Jeder Hochzeitsgast bekommt während oder nach dem Gottesdienst ein Blumensamen-Tütchen geschenkt.
Damit wird die Aufforderung verbunden, diesen Samen zu Hause in Erde zu legen für die »Blumen des Glücks«. Dadurch kann auch das oft verbreitete »Blumen auf den Weg (des Brautpaares) streuen« umgangen werden. Statt Blumen zu schneiden, die schnell verwelken und die noch dazu mit Füßen getreten werden, stiftet man neue lebendige Blumen.
Auch der »abergläubische Brauch« des Auswerfens von Reiskörnern (= Samen) muß als Lebensmittelvergeudung interpretiert werden! Reis ist für viele Menschen auf der Welt das einzige Nahrungsmittel. Reis kann und wird auch kein Glück für die Ehe bringen, und der damit verbundene Fruchtbarkeitsgedanke spielt in einer überbevölkerten Erde nicht mehr die Rolle, den er früher einmal hatte.

Das weiße Hochzeitskleid

Haben sie schon einmal in einem fremden Ort eine Hochzeitsfeier beobachtet? Ich meine weniger das aus der Kirche ausziehende Paar, sondern die ganze Atmosphäre und die am Rande stehenden oder eilig vorbeihuschenden Menschen?
Auch für Unbeteiligte sind es einige feierliche Sekunden, bei denen das heilig-anmutende Geschehen geschaut wird. Viele Augen glänzen vor Freude und Glück . . .
Wenn ich recht beobachte, dann interessieren sich die Leute eigentlich nur für die »Hochzeits-Frau«. Es ist die meist in Weiß gekleidete Braut. Vielleicht wird in diesen Minuten bei den Menschen die Sehnsucht nach dem wach, was dieses Weiß zum Ausdruck bringen will: Freude und Festlichkeit, Vollkommenheit und Reinheit. Wahrscheinlich schwingen auch unbewußt Sehnsüchte nach dem Paradies mit.
In der kirchlichen Liturgie spielt die Farbe Weiß eine bedeutende Rolle: Es ist die Farbe des Taufkleides und bei Mädchen auch die Farbe der Erstkommunion.
Das (weiße) Hochzeitskleid steht im Mittelpunkt des Hochzeitsbewußtseins. Die dafür relativ hohe finanzielle Belastung für nur eine einmalige »Benützung« steht bei vielen außer Frage. Manche lassen später aus dem Brautkleid ein Taufkleid für das erste Kind nähen. Sie wollen damit zum Ausdruck bringen, daß dieses Weiß an die ins Erdenleben getretenen Menschen weitergegeben werden soll.

Die Brautkerze

Die Kerze als Lichtträger ist und bleibt Symbol im christlichen und festlichen Leben. Neben dem Licht als lebenspendende Kraft verdeutlicht eine Kerze in besonderer Weise das »Sich-Hergeben« als Voraussetzung für Wärme und Helligkeit. Schon jahrhundertelang gehört die Brautkerze zur christlichen Trauung. Hier einige Kerzen-Vorschläge zur Hochzeit und danach:

- Die Brautkerze kann vom Brautpaar beim Einzug in die Kirche getragen werden – entweder bereits brennend (das Licht zum Altar bringen), oder sie wird erst beim Trauungsritus angezündet.
- Die Kerze steht vor dem Brautpaar auf einem Ständer bzw. Tisch oder auch auf dem Altar.
- Auch von einem Kind oder einem Freund kann die Kerze hereingetragen bzw. während der Trauung gehalten werden.
- Die Brautkerze soll beim Festessen am Tisch des Brautpaares brennen.
- Jedes Jahr wird diese Kerze (am Hochzeitstag) vom Ehepaar entzündet.
- Auch bei der Taufe der Kinder und anderen Familienfesttagen kann diese Kerze brennen.
- Diese Kerze bekommt im Wohnzimmer einen festen Platz.
- Die Brautkerze kann vom Brautpaar, von Freunden, Geschwistern oder den Eltern selbst angefertigt werden. In Wachsgeschäften erhalten sie Anregungen: Die Vornamen der Brautleute aus Plattenwachs schneiden und aufkleben, das Datum der Hochzeit, christliche Symbole, wie Brot und Wein, Kreuz oder Ringe, können kunstvoll auf der Brautkerze angebracht werden.

Nach der Hochzeit kann eine verwelkte Blume aus dem Hochzeitsstrauß in die Kerze eingegossen werden.

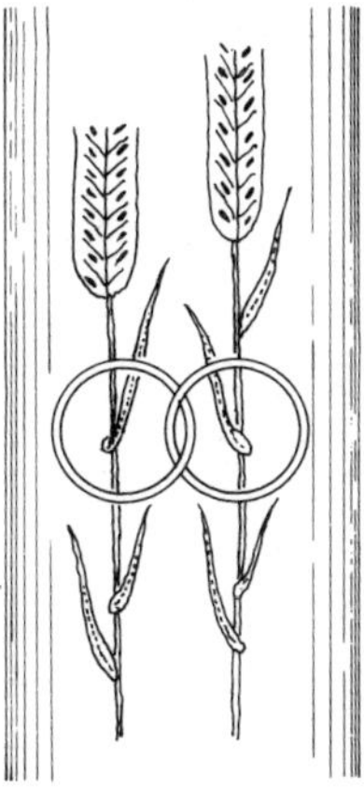

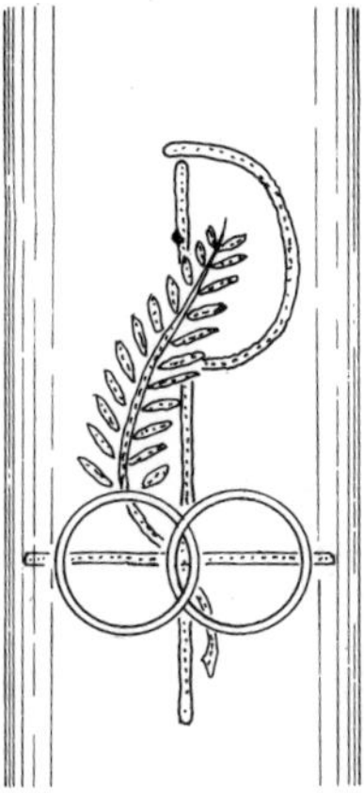

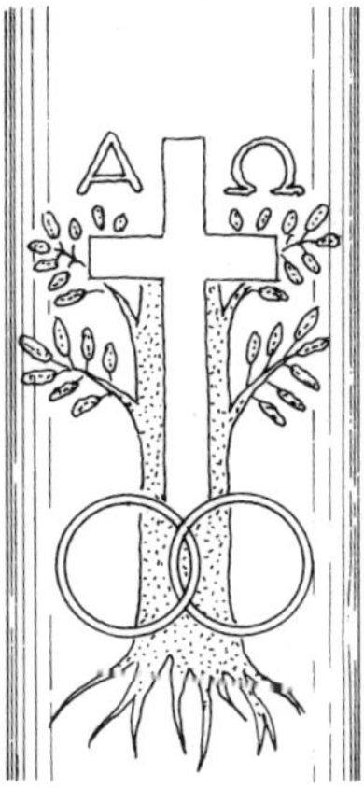
A Ω

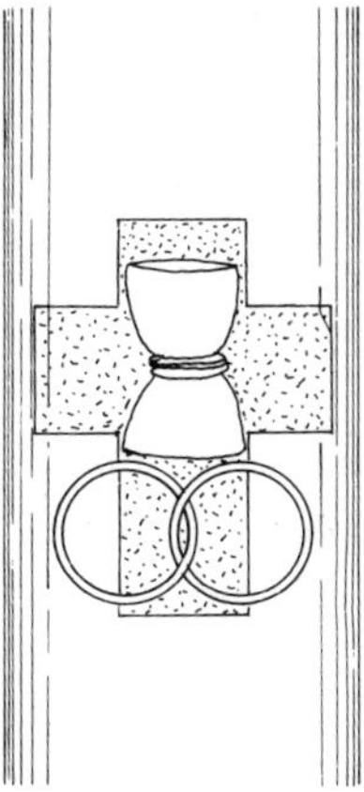

Der Brautstrauß

Es sind seltene Augenblicke im Leben eines Menschen, bei denen Blumen als Schmuck und Zeichen des Lebens mitgetragen werden.
Es ist daher ein schöner Brauch, wenn am Hochzeitstag das Brautpaar einen Strauß Blumen bei sich hat, wahrscheinlich ausgewählt nach Geschmack, Lieblingsblumen oder -farben. Zumeist wird dieser Strauß von der Braut getragen, aber er ist auch im Mittelpunkt des Paares (am Tischchen vor dem Altar, beim Porträtfoto . . .).
Manchmal steckt auch der Bräutigam eine Blume in das Knopfloch, und das nicht nur wegen dem Farbtupfer!
Früher wurden bevorzugt Myrten, Jasmin und Rosmarin als Hochzeitsblumen genommen. (Aber inzwischen sind schöne und auch einfallsreiche Variationen zu sehen.)

Die Hochzeitsnacht . . .

muß etwas Schönes sein. Wenigstens in Witzen, die darüber erzählt werden oder wenn Hochzeitsgäste an »diese Nacht« denken. Und manche scheuen dann auch keine Mühe, dem Brautpaar alles nur Vorstellbare für diese Nacht zu erschweren. Da werden Schlafgemächer mit Klosettpapier verhängt oder völlig ausgeräumt oder mindestens 10 Wecker im Schlafzimmer versteckt, die dann so alle nacheinander ablaufen usw.
Ob das alles wirklich Spaß ist? Manchmal gewinne ich den Eindruck, daß auch andere Dinge wenigstens mitspielen: In dieser Nacht »darf« man doch nicht schlafen! (!?) Oder schwingt gar ein wenig Neid auf das glückliche Paar mit?

Manches »todmüde« Hochzeitspaar tut mir wirklich leid, wenn einige den Spaß zu weit treiben. Ich weiß von einem Hochzeitspaar, das schlimme Zustände erahnt hat; sie haben einfach tags zuvor ein neues Türschloß eingebaut und den Schlüssel versteckt. Aber trotz alledem: Ein wenig Spaß muß schon sein . . .

Die Hochzeitszeitung

Eine Zeitung herzustellen für zwei Menschen, die heiraten, ist recht und billig. Man muß bedenken, zu welchen viel weniger bedeutsamen Ereignissen und Absichten so etwas geschieht! In dieser Hochzeitszeitung kann all das stehen, was um das Brautpaar herum wissens- und lesenswert ist. Vorausgesetzt, es gibt jemanden, der sich dieser Sache annimmt. Man kann auch jemanden aus dem Bekanntenkreis ansprechen und ihm die ganze Sache schmackhaft machen. Bringt man zudem einige Ideen ein, wagt sich eher jemand daran. Hier einige Gestaltungsvorschläge für eine Hochzeitszeitung:

- Persönliches Grußwort/Vorwort
- Kurzbiographie von Braut und Bräutigam
- Bilder der Brautleute (auch Kinderbilder!)
- »Wie wir uns kennenlernten«
- Anekdoten . . .
- Namen und Anschriften der Hochzeitsgäste (wenn möglich, deren Unterschriften)
- Typische Aussagen aus der Hochzeitsgesellschaft
- Daten von der Hochzeit (Tagesablauf, Einzelheiten, wie z. B.»welche Kapelle spielte? Hochzeitsmenü . . .«)
- Kopie der Heiratsurkunde
- Geschichten, Texte, Aphorismen (siehe folgende Seiten).

Weisheiten über Liebe und Ehe

Die Liebe macht nicht blind!
Im Gegenteil: sie öffnet die Augen und läßt Dinge sehen, die anderen entgehen.
Liebe ist das einzige, was wächst, wenn wir es verschwenden. Ricarda Huch

Eine Gemeinschaft ist nicht die Summe von Interessen, sondern die Summe von Hingabe.
Antoine de Saint-Exupéry

Einen Menschen lieben heißt einwilligen, mit ihm alt zu werden. Albert Camus

Es bleibt zwischen Menschen, sie seien noch so eng verbunden, immer ein Abgrund offen, den nur die Liebe, und auch die nur mit einem Notsteg, überbrücken kann. Hermann Hesse

Die Liebe ist, wie das Leben selbst, kein bequemer und ruhiger Zustand, sondern ein großes, ein wunderbares Abenteuer. Andre Fayol

Der, den ich liebe, hat mir gesagt, daß er mich braucht. Darum gebe ich auf mich acht, gehe auf meinem Weg und fürchte von jedem Regentropfen, daß er mich erschlagen könnte. Bertolt Brecht

Wenn ein Mensch verliebt ist, zeigt er sich so, wie er immer sein sollte. Simone de Beauvoir

Es ist bemerkenswert, daß wir gerade von dem Menschen, den wir lieben, am mindesten aussagen können, wie er sei. Wir lieben ihn einfach. Max Frisch

Die Ehen werden im Himmel geschlossen und auf Erden vollzogen. Aus Frankreich

In der Eifersucht steckt mehr Liebe zu sich selbst als zum anderen. La Rochefoucauld

Die Erfahrung lehrt uns, daß Liebe nicht darin besteht, daß man einander ansieht, sondern daß man in die gleiche Richtung blickt.

Antoine de Saint-Exupéry

Der hat immer etwas zu geben, dessen Herz voll ist von Liebe. Augustinus

Wie kannst du sagen, daß du mich lieb hast, wenn du nicht weißt, was mir weh tut? Aus China

Wenn Frau und Mann auch auf dem gleichen Kissen schlafen, so haben sie doch unterschiedliche Träume. Aus der Mongolei

Man liebt den anderen nicht, wenn man nichts von ihm annimmt. Aus Afrika

Für das, was man sich vertraut gemacht hat, ist man zeitlebens verantwortlich. Antoine de Saint-Exupéry

Man liebt, wofür man sich bemüht, und man müht sich für das, was man liebt. Erich Fromm

Einen Menschen lieben heißt, zu ihm sagen, er werde nicht sterben. Gabriel Marcel

Der Mächtigere in einer Verbindung ist immer der, der weniger liebt. Eleonora Duse

Liebe ist ein Glas, das zerbricht, wenn man es unsicher oder zu fest anpackt. Aus Rußland

Liebe ist am ehesten echt, wenn Zeit und Raum nichts mehr bedeuten. Thomas Stearns Eliot

Für zwei Liebende

Schenk ihnen Lust, Gott,
sich zu begehren,
das Glück der Hände
und Lippen,
den Rausch der Haut,
den Schrei der
Entrückung,
die Ewigsekunde des
Außersichseins
und den Seufzer zuletzt,
weil auch der Kuß,
weil alles Irdische endet.

Rudolf Otto Wiemer

Maß der Liebe

Wie du mir nötig bist? Wie Trank und Speise
Dem Hungernden, dem Frierenden das Kleid,
Wie Schlaf dem Müden, Glanz der
Meeresreise,
Dem Eingeschlossenen, der nach Freiheit
schreit.

So lieb ich dich. Wie dieser Erde Gaben
Salz, Brot und Wein und Licht und
Windeswehen.
Die, ob wir sie auch bitter nötig haben,
Sich doch nicht allezeit von selbst verstehen.

Und tiefer noch. Denn auch die ungewissen
Und fernen Mächte, die man Gott genannt,
Sie drangen mir zu Herzen mit den Küssen.

Den Worten deines Mundes und die Blüte
Irdischer Liebe nahm ich mir zu Pfand
Für eine Welt des Geistes und der Güte.

Marie-Luise Kaschnitz

Komm, bau ein Haus

T: F. K. Barth, P. Horst, H.-J. Netz M: P. Janssens
aus: Unkraut Leben, 1977

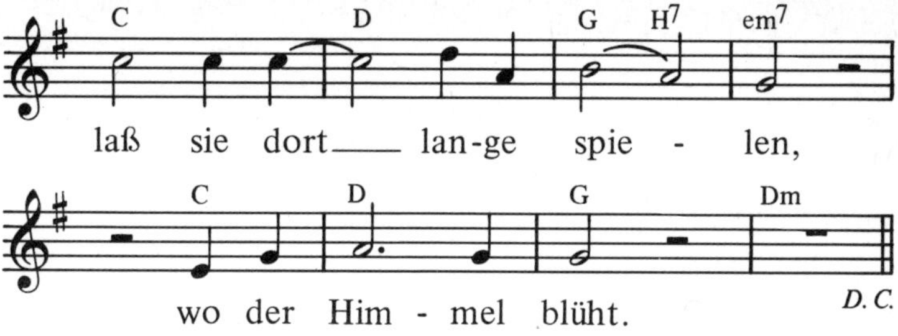

2. Lad viele Kinder ein ins Haus,
versammle sie bei unsrem Baum,
laß sie dort fröhlich tanzen,
wo keiner ihre Kreise stört,
laß sie dort lange tanzen,
wo der Himmel blüht.

3. Lad viele Alte ein ins Haus,
bewirte sie bei unsrem Baum,
laß sie dort frei erzählen,
von Kreisen, die ihr Leben zog,
laß sie dort lang erzählen,
wo der Himmel blüht.

4. Komm, wohn mit mir in diesem Haus,
begieß mit mir diesen Baum,
dann wird die Freude wachsen,
weil unser Leben Kreise zieht,
dann wird die Freude wachsen,
wo der Himmel blüht.

Wunsch für die Ehe

In eurer Ehe soll es keinen Tag geben, da ihr sagen müßt: Damals haben wir uns geliebt, heute ist die Liebe gestorben.
Kein Tag, an dem ihr sagt: Wir haben keine Freunde,
die uns verstehen,
die mit uns sprechen,
die uns zuhören,
die uns helfen,
die mit uns leiden,
die sich mit uns freuen.
Kein Tag, an dem ihr sagt: Ich bin so allein, Du bist mir so fremd.

Ihr möget einander Gutes tun.
Ihr möget einander trösten und verzeihen.
Ihr sollt Pläne schmieden
und eure Sehnsüchte mögen sich erfüllen.

Die Tür eurer Wohnung möge offen sein für Menschen,
die euch wichtig sind und denen ihr wichtig seid,
die Rat geben und denen ihr raten könnt.
Eure Ehe bleibe spannend,
und ihr möget alle Spannungen aushalten.

Eure Ehe bleibe glücklich,
indem ihr eurer Treue traut,
euch in der Treue Gottes aufgehoben wißt.

Dann wird für euch und für andere
eure Ehe ein Zeichen der Hoffnung und des Mutes.
Gottes Liebe möge in eurer Liebe greifbar und spürbar werden,
denn Gott will in uns sichtbar werden.

Aus: Durch das Jahr – durch das Leben

Liebe ist gewiß eine mächtige Wirklichkeit. Niemand wird daran zweifeln, daß es Liebe gibt. Aber man kann sie mit keinem der fünf Sinne und keinem Apparat feststellen. Sie wird nur in Art der Transparenz wahrgenommen. Sie leuchtet auf in einem liebevollen Blick, in Wort und Stimme, in einer zärtlichen Hand, einem selbstlosen Rat, einer helfenden Tat, einem mutigen Einsatz, einer durchhaltenden Treue. Darin wird sie transparent. Liebe selbst aber läßt sich nicht in den Griff bekommen. Wollte man sie suchen wie ein Ding, so würde man sie nirgends finden.

Klemens Tilmann

Anmerkung:
Aber es gibt
immer noch Leute, die sagen:
Ich glaube nur, was ich sehe!

Herr, so stehe ich vor Dir

Ganz erfüllt von einem unbeschreiblichen
Gefühl.
Meine Augen sind voll Güte,
meine Arme sind offen zum Umfangen
und mein Mund formt Zärtlichkeit.

Jemand ist mir nahegetreten,
hat meine Liebe aufgeweckt.
Jemand hat mich angerührt
und mich für immer verwandelt.

Herr, so stehe ich vor Dir,
berührt von grenzenloser Liebe.
In diesem Bannkreis laß mich leben,
heute, morgen und in Ewigkeit.

Ich habe dir ein Lied gesponnen

Ich habe dir ein Lied gesponnen,
süß wie das Mittagsgurren der Taube.
Und mein dreisaitiges Khalam
hat mich dünn begleitet.

Ich hab dir ein Lied gewebt,
und du hast mich nicht gehört.
Ich hab dir wilde Blumen gereicht,
darinnen ein Duft voll Geheimnis ist,
wie in den Augen des Zauberers.
Und ihr Aufblühen ist so reich
wie die Dämmerung zu Langomar.

Ich hab dir meine wilden Blumen gereicht.
Wirst du sie verwelken lassen,
während du mit den Eintagsfliegen spielst?

Aus Afrika

Geliebtsein ist eine Zumutung

Wie machtlos, wie hilflos kann ein Mensch sein, der restlos liebt, der demütig ist. Er setzt sich dem fremden Schicksal aus, will es beschützen und verteidigen. Hier erkennen wir die innere Kraft, aber auch die Machtlosigkeit der Liebe.
Was in der Liebe geschieht, übersteigt jegliche existentielle Verwirklichung. Es gibt keine glückliche Liebe. Vielleicht enden deshalb die schönsten Liebesgeschichten mit dem Tod.
Das Geliebtsein ist eine Zumutung, der niemand gewachsen ist. Menschliche Liebe ist menschlich und unvollendbar.

Ladislaus Boros

Dank für das Glück

Herr, deine Güte reicht bis an den Himmel
und deine Treue, so weit die Wolken ziehen.
Deine Gerechtigkeit ragt hoch wie die ewigen
Berge,
deine Urteile gründen tief wie das Meer.
Du, Herr, hilfst Menschen und Tieren.
Deine Liebe ist unvergleichlich;
in deinem Heiligtum finden wir Schutz.
Du sättigst uns aus dem Reichtum
deines Hauses, deine Güte erquickt uns wie
frisches Wasser.
Du selbst bist die Quelle, die Leben schenkt.
Wenn du uns leuchtest, leben wir im Licht.

Psalm 36,6–10

Kleine Geschichte der Ehe

Das Wort Ehe leitet sich vom mittelhochdeutschen *êwe* ab und bedeutet Ewigkeit, lange Zeit, Gesetz. Man versteht darunter die rechtlich anerkannte und geschützte Lebensgemeinschaft eines Mannes und einer Frau.
In der Urgeschichte der Bibel wird uns berichtet, daß Gott den Menschen als Mann und Frau erschuf (Genesis 1 und 2) und ihnen auftrug, »fruchtbar zu sein«.
Im Alten Testament finden wir Partnerschafts- und Eheformen, die für unsere Ohren recht fremd klingen. Und wir müssen uns fragen, warum Jahwe eine für unser Verständnis so ungerechte Ehestruktur gelten ließ.
In Deuteronomium können wir lesen: »Wenn ein Mann im Krieg eine schöne Frau erbeutet, kann er sie heiraten. Durch die Heirat aber hört sie auf, eine Gefangene zu sein. Wohl kann er sie wieder entlassen – wie jede Ehefrau –, aber nicht verkaufen« (Dtn 21,10–14). Auch wenn uns bei diesem Text ein Schaudern kommt, spricht daraus zumindest der Wille dieses biblischen Volkes, die geschlechtlichen Beziehungen in ihren eigenen Reihen zu regeln. Für das »auserwählte Volk« war dies eine lebensnotwendige Maßnahme. Heidnische Sexualriten mußten allein schon deswegen verdrängt werden, weil Zeugung und Geburten aufgrund der vielfältigen Bedrohungen von außen eine herausragende Bedeutung hatten. So ist es geradezu logisch, daß ein Mann mehrere Frauen haben konnte. Die Zeugung vieler Nachkommen lag im Interesse des (Jahwe-)Volkes. Daraus entwickelten sich auch Volks- und Ehegesetze, wie der biblische Onan, der Sohn Judas, zeigt. Er war verpflichtet, der verwitweten Frau seines Bruders ein Kind zu zeugen. Er aber verstreute den Samen auf die Erde (Gen 38,9). In der wirtschaftlich hochentwickelten und relativ gefestigten Zeit der Richter und Könige wird die

»Prestige-Polygamie« spürbar. Man konnte und wollte es sich leisten, viele Frauen zu haben. Von König Salomo wissen wir, daß er mindestens 60 Frauen hatte (das Alte Testament spricht von 800 Hauptfrauen). Mit zunehmender Gotteserfahrung und aufgrund des eingegangenen Bundes zwischen Jahwe und seinem Volk entstehen neue religiöse Denkformen, die dann auch das damalige Eheverständnis prägen: Die Israeliten erlebten einen Gott, der für sie sorgte und der Gerechtigkeit und Treue forderte. Statt um eheliche Fruchtbarkeit und gesicherte Nachkommenschaft, geht es jetzt mehr um persönliche Beziehungen und Bindungen. So wie dieser Gott alles Gute für sein Volk zu tun bereit ist, so soll auch der Mann zu seiner Frau eine sorgende Beziehung herstellen, die an Liebe und Hingabe mit dem Bund Gottes vergleichbar ist.
Zur Zeit, als Jesus in dieses »auserwählte Volk« hineingeboren wurde, billigte man der Frau keineswegs ein partnerschaftliches Eheverhältnis zu. Der Mann konnte sie nach geltendem Recht schon dann wegschicken, wenn sie die Suppe versalzen hatte. Auch war die Vielehe noch gesetzlich erlaubt. Bei frommen Juden hatte sich allerdings längst die Einehe herausgebildet.
Dennoch kann man sagen, daß die gesamte Ehepraxis fast ausschließlich gegen die Frau gerichtet war. So wurde beispielsweise die Frau bei ertapptem Ehebruch gesteinigt, nicht so der Mann.
Es gab auch eine andere Richtung zur Zeit Jesu. Danach gestattete man die Entlassung der Frau nur bei Ehebruch. Wie Jesus auf die gegebenen Verhältnisse reagierte, ist bekannt: Er stand eindeutig auf der Seite der Einehe. Er verurteilte die Ehebrecherin nicht. Er ging mit den Männern scharf ins Gericht, die eine Frau wie den Besitz eines Esels oder Feldes veräußern wollten. Wie schon im alttestamentlichen Bunde geschehen, nahm Jesus die Bilder der Ehebeziehungen als

Beispiel für die Treue- und Liebesbeziehungen zwischen seinem Vater und den Menschen. Für ihn stellte es offensichtlich auch keine Heilsnotwendigkeit dar, die noch bestehende Vielehe oder die damalige Scheidungspraxis abzuschaffen. Er klagt die Herzenshärte an und spricht vom Verzeihen und von der Liebe.

Paulus hat für die ersten Gemeinden die christlich gelebte Ehe erläutert und dabei die alttestamentlichen Bilder wieder aufgegriffen. Er machte deutlich, daß jetzt die Partnerschaft zwischen Mann und Frau nicht mehr so sein kann wie ehedem. Und er begründet das: »So innig wie Christus sich – bis zur letzten Hingabe im Tod – mit der Kirche verbunden hat, sollen sich die Eheleute miteinander verbinden. Kirche wird in ihrem Bunde auf geheimnisvolle Weise lebendig, wenn sie einander in der Liebe untertan sind« (Eph 5,21).

Seit dem 4. Jahrhundert weiß man im christlichen Bereich vom priesterlichen Segen über die Brautleute. Im 5. Jahrhundert wurde dann dieser Segen in die Eucharistiefeier eingebaut. Als ab dem 12. Jahrhundert die Ehe zu den Sakramenten gezählt wurde, entstanden zunächst verschiedene Formen. Daher schuf die Kirche im 16. Jahrhundert eine verbindliche Form.

Im europäischen Bereich liegt die Zeit noch gar nicht so lange zurück, in der eine Eheschließung meist im Hinblick auf die Erhaltung der Sippe und der Wahrung bzw. Vermehrung des Besitzstandes gesehen wurde. Den künftigen Ehepartner suchten die Eltern aus, häufig lernten sich die Eheleute erst in der Ehe kennen.

Voraussetzungen und Formen für die Eheschließung sind heute in den verschiedenen Ländern unterschiedlich. Aber immer ist die Ehegründung keine Privatangelegenheit der zwei Heiratswilligen. In manchen Ländern, wie auch bis vor wenigen Jahrhunderten in Deutschland, reglementierte der

Staat die Eheschließungen nicht, sondern erkannte die kirchliche Trauung an.
Die Französische Revolution und die Säkularisation hatten zur Folge, daß die Zivilehe eingeführt wurde. Der Staat übernahm nicht nur die Reglementierung des Eheabschlusses, er setzte die Ehe auch unter den gesetzlichen Schutz. In der BRD ist im Konkordat (völkerrechtliche Übereinkunft zwischen katholischer Kirche und Staat) festgelegt, daß einer kirchlichen Trauung die standesamtliche vorausgehen muß.
Für die Christen hat sich das »sakramentale Bild der Ehe« vom Inhalt her nicht verändert. Besonders das Zweite Vatikanische Konzil hat das christliche Eheverständnis neu formuliert:

- Es wird vom hohen Gut der Liebe gesprochen. Und in dem Maße, in dem diese Liebe wächst, ist auch Christus unsichtbar gegenwärtig.
- Die Eheleute haben die Aufgabe, menschliches Leben weiterzugeben. Sie werden somit Mitwirkende der Liebe Gottes des Schöpfers und gleichsam seine Interpreten.
- Die Eltern haben die Pflicht, gegenseitig und zu den Kindern die Botschaft Jesu in Wort und Beispiel weiterzugeben. Diese »häusliche Kirche« soll an das himmlische Hochzeitsmahl erinnern.
- Dieser Ehebund soll Zeugnis von der Liebe Gottes geben. Ähnlich wie bei den ersten Christengemeinden sollen andere sagen können: Seht, auf welche Weise sie einander liebhaben!

So wird die Kirchengemeinde glaubhaft: wenn sich Eheleute um »Gastfreundschaft bemühen, verlassene Kinder annehmen, Fremde freundlich aufnehmen, Gatten und Familien in materieller und sittlicher Not unterstützen« (vgl. Dekret über das Laienapostolat 11).

Abbild Gottes

Dann sprach Gott:
Laßt uns Menschen machen
als unser Abbild, uns ähnlich.
Sie sollen herrschen über die
Fische des Meeres, über die Vögel
des Himmels, über das Vieh,
die ganze Erde und über die
Kriechtiere auf dem Land.
Gott schuf also den Menschen als
sein Abbild; als Abbild Gottes schuf
er ihn; als Mann und Frau
schuf er sie.
Gott segnete sie, und Gott sprach zu ihnen:
Seid fruchtbar und vermehrt euch,
bevölkert die Erde, unterwerft sie euch
und herrscht
über die Fische des Meeres, über die Vögel des
Himmels und über alle Tiere,
die sich auf dem Land regen.

Genesis 1,26–28

Der zerbrochene Ring

Eine Sage erzählt: Ein Ritter zog ins Heilige Land. Beim Abschied brach er einen Ring entzwei und gab eine Hälfte des Ringes seiner Geliebten.
Die Jahre zogen ins Land, und niemand hörte mehr etwas über den Verbleib des Ritters. Nun sollte das edle Fräulein einen anderen freien und ein Fest wurde angerichtet. Viele Menschen wurden zur Hochzeit geladen. Zuletzt kam ein ausgemergelter, lästiger Krüppel. Man wollte ihn wegjagen, aber er bestand darauf, von der Braut empfangen zu werden.
So wurde sie gerufen und der Krüppel reichte ihr einen Becher mit Wein. Die Braut trank davon und entdeckte schließlich am Bechergrund die Hälfte eines Ringes. Sie blickte erschrocken auf, und eine alsbaldige Probe ergab, daß die beiden Ringhälften zusammengehörten. So erkannte sie ihren totgeglaubten Geliebten wieder.

Nach einer Sage

Wenn der Freude Tränen fließen

Wenn der Freude Tränen fließen,
lächelt Liebe dem Geliebten hold.
Von den Wangen sie zu küssen,
ist der Liebe größter Sold.
Dich voll Wonne, voll Entzücken
an mein treues Herz zu drücken,
lohnt fürwahr nicht Kron und Pracht.

Da Ponte (Aus der Oper: Entführung aus dem Serail)

Das Verschüttete

Lin-Yu war sehr arm. Es gelang ihm kaum, das Notwendigste zu verdienen. Zwar hatte er viele Jahre lang studiert und besaß ein großes Wissen, doch vermochte er nicht, eine Anstellung zu finden. Meistens hatte er nur das Wasser, das Yün-Meng vom Brunnen holte, und etwas Reis. Oft fehlte auch dieser.

Lin-Yu hoffte. Er glaubte an sich. Yün-Meng aber war des Wartens müde. Sie bat ihren Gatten, sie freizugeben, damit sie eine andere Ehe schließen könnte. Lin-Yu sah sie lange an und schwieg. »Du müßtest nicht länger für mich sorgen«, sagte Yün-Meng. »Das Wenige, das du mit mir teilen mußt, bliebe für dich allein.« Lin-Yu liebte seine Gattin sehr. Er konnte sich nicht entschließen, sich von ihr zu trennen.

Yün-Meng aber ließ nicht ab, um ihre Freiheit zu bitten. »Ich kann nicht länger warten, bis du endlich etwas erreichst. Willst du mich hindern, einen reichen Mann zu finden?«

Ihre Worte taten ihm weh. Doch willigte er schließlich in die Trennung ein. Es gelang ihm bald darauf, zu Ansehen und Reichtum zu kommen. Er fand eine ausgezeichnete Stellung und konnte seinen Besitz durch günstige Erbschaft vergrößern. Da kehrte Yün-Meng zurück und bat, er möge sie wieder als Gattin aufnehmen. Lin-Yu sah sie lange an und schwieg. »Ich bin noch immer arm und allein«, sagte Yün-Meng. »Nimm mich wieder zu dir.«

Er hieß sie, Wasser aus dem Krug auf den Boden gießen. Yün-Meng erfüllte seinen Wunsch. Nun befahl ihr Lin-Yu, das Wasser wieder zusammenzufassen. »Wie soll ich das Wasser wieder aufnehmen«, fragte Yün-Meng, »wenn ich es verschüttet habe?« Lin-Yu nickte . . .

Martha Solmar

Der Ort des Glücks

Es war einmal ein Ehepaar, das lebte glücklich irgendwo. Die beiden liebten sich, teilten Freude und Leid, Arbeit und Freizeit, Alltag und Sonntag miteinander. Über Jahre lebte das Ehepaar in diesem Glück, bis eines Tages ...

Eines Tages las das Ehepaar miteinander in einem alten Buch. Es las, am Ende der Welt gäbe es einen Ort, an dem der Himmel und die Erde sich berührten. Dort gäbe es das große Glück, dort sei der Himmel.

Das Ehepaar beschloß, diesen Ort zu suchen. Es wollte nicht umkehren, bevor es den Himmel gefunden hätte. Das Ehepaar durchwanderte nun die Welt. Es erduldete alle Entbehrungen, die eine Wanderung durch die ganze Welt mit sich bringt. Sie hatten gelesen, an dem gesuchten Ort sei eine Tür, man brauche nur anzuklopfen, hineinzugehen und schon befinde man sich beim großen Glück.

Endlich fand das Ehepaar, was es suchte. Die beiden klopften an die Tür, bebenden Herzens sahen sie, wie sie sich öffnete. Und als sie eintraten, blieben sie sofort erstaunt stehen. – Sie standen in ihrer eigenen Wohnung. Die Wohnung war so, wie sie sie verlassen hatten. Nein, nicht ganz! Da gab es eine neue Tür, die nach draußen führte und jetzt offenstand.

Da begriffen sie: Der Ort, an dem Himmel und Erde sich berühren, an dem das Glück zu finden ist, dieser Ort befindet sich auf dieser Erde. Er befindet sich direkt in unserer Umgebung. Wir brauchen nur am Leben anderer teilzunehmen, andere an unserem Leben teilnehmen zu lassen.

Nach einer Legende

Ein Versuch, das Ehesakrament zu verstehen

Viele haben bei einem Ehevorbereitungsseminar versucht, das Ehesakrament zu erklären. Da kamen zunächst Aussagen, wie »Den Segen der Kirche bekommen«, »Gott in die Ehe hereinholen« oder auch nur »Das mit dem Pfarrer muß schon sein«. Was eine junge Frau mit einer etwas heiser klingenden Stimme sagte, ließ aufhorchen: »Wenn ich meinem Freund nach einem Streit ein ›Mon chéri‹ auf das Bett lege, dann weiß er Bescheid! Ich habe ein Zeichen gesetzt, obwohl dieses Naschzeug zunächst gar nichts mit Verzeihung zu tun hat. Wir möchten das Sakrament der Ehe empfangen, weil wir auch eine Handlung und ein Zeichen ähnlich wie bei unserer Vergebungsgeste brauchen. Es reicht uns nicht aus, zu glauben, daß Gott irgendwo existiert, er soll auch in unserer Verbindung wirksam werden.« Diese Aussage ermunterte auch andere, ihre Gedanken zu formulieren:

- Ein Ring ist zunächst nur ein Metall. Weil wir ihm einen Sinn geben, ist er ein Dokument unserer Liebe.
Er ist irgendwie ein Symbol zwischen Gott und uns.
- Wenn man an Gott glaubt, dann kann man nicht nur reden und manches beteuern. Man muß auch etwas tun, sozusagen eine Handlung vollziehen, damit wir auch das Gefühl der Gottesnähe bekommen.
- Ich glaube, daß Gott selbst die Liebe ist. Wenn wir ihn bewußt in unsere Verbindung mithereinnehmen, dann bekommen wir auch Kraft und Hilfe von ihm.
- Mir ist auch die Gemeinde wichtig. Die kirchliche Hochzeit ist ein Antrag an die Gemeinde, von ihr aufgenommen und getragen zu werden.

Wie verstehen sie das Sakrament der Ehe? Haben sie schon mit ihrem Partner und den Bekannten darüber gesprochen? Sie können auch mit ihrem Trau-Priester darüber reden!

Abschließend zwei theologische Erklärungsversuche:
Karl Rahner: Der eheliche Bund zwischen zwei Christen und der Bund Gottes mit der Menschheit in Christus sind von derselben gnadenhaften Wirklichkeit getragen und stehen dermaßen in einem Verhältnis zueinander, daß die Ehe diese Liebe Gottes in Christus objektiv repräsentiert.
Durch das Sakrament empfangen Mann und Frau die Kraft, als christliche Eheleute zu leben ... sie werden hineingenommen in den größeren Bund Gottes mit den Menschen. Gott schenkt den Bund in und durch Christus. Für gläubige Ehepartner ist er wie eine Quelle, aus der sie Kraft für Liebe und Treue schöpfen. Hier kann sich der an sich zerbrechliche Bund immer wieder erneuern. Hier leben Mann und Frau nicht nur aus den Reserven ihrer eigenen Großmut, sondern aus der unerschöpflichen Versöhnungskraft des Kreuzes (Würzburger Synode).

Der kirchliche Stellenwert der Ehe

Es gibt kaum eine Situation im Leben, in der das »Ja« eines Menschen so elementar und auf Dauer angelegt ist, wie im Willen zu einem gemeinsamen Dasein. Dieses Zusammenleben von Mann und Frau ist vom Schöpfer so angelegt und gewollt. Im alttestamentlichen Verständnis war Leben etwas, was von Gott geschenkt ist und auf Heil (Glück) verweist. Dieses Glück findet man im totalen Aufgehen in einem Du. Jesus unterstreicht diese Haltung. Er zitiert z. B. das Alte Testament und sagt: »Die beiden werden Vater und Mutter verlassen und werden ein Fleisch sein« (Mt 19,5).
Wie hoch die Kirche diese Vereinigung schätzt, merkt man daran, daß sie die Beziehung Gottes zu seinem Volk, die für uns Ausgangspunkt unseres Gottesverständnisses ist, zum Vorbild für dieses eheliche Zusammenleben nimmt.

Ich – Du – Wir – Er

Ich	traue	mir zu, reif für eine Partnerschaft zu sein.
Ich	traue	meinem Leben eine Beziehung zu.
Ich	getraue	mich, aus mir selbst herauszugehen.
Du	traust	mir zu, dich in guten und schlechten Tagen zu lieben.
Du	glaubst	mir, daß ich in jeder Situation zu dir halte.
Du	vertraust	mir.
Wir	trauen	uns, den anderen unser Miteinander anzuzeigen.
Wir	vertrauen	darauf, daß alle in Freundschaft zu uns halten.
Sie	trauen	uns eine Menge zu.
Er	betraut	uns mit der Fähigkeit zu Liebe und Treue.
Er	traut	uns zu, seine Liebe in die Tat umzusetzen.
Er	traut	uns.

Die Geschichte vom kleinen Ja

Im Dickicht lebte einst ein kleines Ja.
Fast zufrieden und voller Sehnsucht wie es war,
versuchte es durch das Gestrüpp zu blicken;
qualvoll wäre es, sich durchzudrücken.

Wohlig ist es hier, draußen weht der Wind.
Ich weiß nicht recht, ob dort auch Freunde sind.
Hier im Nest geht es mir gut,
für Neues fehlt mir fast der Mut.

Durch Geäst und Trott zwängte sich ein Sonnenstrahl.
Beim kleinen Ja blieb das nicht ohne Widerhall.
Rasch wuchs es zu einem großen Ja heran,
zerriß die Enge, gab dem Leben eine Bahn.

Zum Nachdenken

Eine Wucht:
Mit tausend roten Rosen haben sie die Hochzeitskirche geschmückt;
und die Ministranten haben vergeblich auf Trinkgeld gewartet.

Echt stark:
Für 40000 Mark haben sie sich eine Küche eingerichtet;
und sie vereinbarten auch, sich zu Weihnachten gegenseitig nichts zu schenken.

Beneidenswert:
Das tägliche Küßchen, wenn er aus dem Hause geht;
und den gelegentlichen Seitensprung auf Geschäftsreisen findet er auch nicht besonders schlimm . . .

»Gott, Du Urgrund aller Liebe und Treue: segne diese Ringe. Laß sie sein ein sichtbares Zeichen der Bindung und Treue dieser beiden Menschen zueinander. Laß ihre Liebe stets in der deinen geborgen sein.«

. . . gut, daß es dich gibt

Der Mensch ist darauf angewiesen, von anderen anerkannt zu werden. Er lebt davon, daß andere ihm bezeugen: Es ist gut, daß es dich gibt. Eine Anerkennung, die den Menschen um seiner selbst willen meint, darf nicht nur auf seine positiven Eigenschaften und Leistungen bauen. Wirklich angenommen ist der Mensch nur dort, wo jemand ihn auch in seiner Hinfälligkeit und Schwäche und mit all den Belastungen annimmt, die ihm im Laufe seines Lebens, mit oder ohne eigene Schuld, zugewachsen sind. Eine solche Annahme ist auch nicht abhängig davon, wie der andere Mensch sich entwickelt oder was ihm widerfährt. Sie gilt für immer. Wo das geschieht, wird die Annahme durch den anderen Menschen eine unbedingte. Lebenslange Aufgabe der Ehepartner ist es, diese unbedingte Annahme umfassend und einzigartig zu verwirklichen. Der Ehe kommt es zu, diese unbedingte Annahme darzustellen.

Aus: Synodenbeschluß »Christlich gelebte Ehe und Familie«

Aus dem Buch Tobit

Als Tobias und Sara in der Kammer allein waren, erhob sich Tobias vom Lager und sagte: Steh auf, Schwester, wir wollen beten, damit der Herr Erbarmen mit uns hat. Und er begann zu beten: Sei gepriesen, Gott unserer Väter; gepriesen sei dein heiliger und ruhmreicher Name in alle Ewigkeit. Die Himmel und alle deine Geschöpfe müssen dich preisen. Du hast Adam erschaffen und hast ihm Eva zur Frau gegeben, damit sie ihm hilft und ihn ergänzt. Von ihnen stammen alle Menschen ab. Du sagtest: Es ist nicht gut, daß der Mensch allein ist; wir wollen für ihn einen Menschen machen, der ihm hilft und zu ihm paßt. Darum, Herr, nehme ich diese meine Schwester auch nicht aus reiner Lust zur Frau, sondern aus wahrer Liebe. Hab Erbarmen mit mir, und laß mich gemeinsam mit ihr ein hohes Alter erreichen! Und Sara sagte zusammen mit ihm: Amen. Und beide schliefen die Nacht über miteinander.

Tob 8,4–9

Das Hohelied der Liebe

Die Liebe ist langmütig, die Liebe ist gütig.
Sie ist nicht eifersüchtig, sie prahlt nicht und bläht sich nicht auf. Sie handelt nicht unschicklich, sucht nicht ihren Vorteil, sie läßt sich nicht herausfordern und trägt das Böse nicht nach. Sie freut sich nicht über das Unrecht, sondern freut sich mit der Wahrheit. Sie erträgt alles, glaubt alles, hofft alles, hält allem stand.
Die Liebe hört niemals auf. 1 Kor 13,4–8

Feierlicher Schlußsegen bei der Trauung

Gott, der allmächtige Vater,
bewahre euch in seiner Liebe,
und der Friede Christi wohne stets
in eurem Hause.
Amen.

Gott segne euch (in euren Kindern)
alle Tage eures Lebens,
er gebe euch treue Freunde
und den Frieden mit allen Menschen.
Amen.

Seid in der Welt Zeugen der göttlichen Liebe
und hilfsbereit zu den Armen und Bedrückten,
damit sie euch einst
in den ewigen Wohnungen empfangen.
Amen.

Und euch alle,
die ihr zu dieser Feier versammelt seid,
segne der allmächtige Gott,
der Vater und der Sohn + und der Heilige
Geist.
Amen.

Große Wasser können die Liebe nicht löschen

Eine Text-Meditation zum »Hohen Lied der Liebe«

Das »Hohe Lied der Liebe« gehört zweifellos zu den schönsten Liebesliedern der Weltliteratur! Über Jahrhunderte hinweg fragte man sich immer wieder, wie dieses Lied in die Bibel kam. Die Auffassung, daß hier die Beziehung zwischen Jahwe und dem Volk Israel beschrieben werde, lehnen manche ab. Aber was hindert uns daran, daß Liebesbeziehungen zweier Menschen auch Abbild der Liebe Gottes zu den Menschen sein können? Sie haben einen tiefen Sinn im theologischen Verständnis der Heiligen Schrift gefunden. Die alttestamentliche Bildersprache mag sie vielleicht verwirren. Wer sich aber um den Inhalt bemüht, wird die hohe Kultur der Liebe und Sexualität erfahren, die sich ungeachtet mancher Prüderie in der Bibel niedergeschlagen hat. Meditieren sie mit!

1. Zunächst fällt die Freude an der Schönheit des Leibes auf! Und alle Lobpreisungen sind begleitet von einem hohen Feingefühl und einer unumstößlichen Liebe. Die Sehnsucht nach dem Partner übersteigt fast menschliche Grenzen:

Schön bist du, meine Freundin,
wie leuchten deine Taubenaugen
unter dem Schleier hervor . . .
Deine Brüste sind wie zwei Kitzlein,
wie Gazellenzwillinge, die unter Lilien weiden.
Wenn der Tag verweht und die Schatten wachsen,
will ich zum Myrrhenberg gehen,
zum Weihrauchhügel.
Alles an dir ist schön, meine Freundin. Hld 4,1.5–7

2. Es fällt ferner die Unbefangenheit auf, mit der die Schönheit der Frau beschrieben wird. Aber keine Gier und menschliche Ausbeutung sind hier zu finden, sondern eine ganzheitliche personale Liebesbeziehung.
Das zeigt sich deutlich an dem Hinweis:

Sechzig Königinnen hat Salomo
und Mädchen ohne Zahl,
doch einzig ist meine Taube,
die Makellose. Hld 6,8

3. Eine starke Liebesbindung ist zu spüren. Keine Spur von Untreue und von Flüchtigkeit der Beziehung. Und kein Drauflosstürmen, wie dies bei uns oft verbreitet ist:

Ich beschwöre euch,
ihr Töchter Jerusalems,
bei den Rehen und Hirschen der Flur:
Weckt nicht auf und stört nicht die Liebe,
bis es ihr selbst gefällt. Hld 3,5

4. Das rastlose Suchen nach dem geliebten Menschen und die grenzenlose Absicht, ihn zu finden und zu bekommen, wird so besungen:

Des Nachts auf meinem Lager suchte ich ihn,
den meine Seele liebt.
Ich suchte ihn und fand ihn nicht,

aufstehen will ich, die Stadt durchstreifen, die Gassen und Plätze, ihn suchen, den meine Seele liebt.
Ich suchte ihn und fand ihn nicht.
Mich fanden die Wächter bei ihrer Runde durch die Stadt.
Habt ihr ihn gesehen, den meine Seele liebt?
Kaum war ich an ihnen vorüber, fand ich ihn, den meine Seele liebt.
Ich packte ihn, ließ ihn nicht mehr los, bis ich ihn ins Haus meiner Mutter brachte,
in die Kammer derer, die mich geboren hat.

Hld 3,1–4

5. Nach langem Warten und Prüfen kommt die Zeit der Hochzeit. Mit einer überaus zärtlichen Sprache gibt der Mann seiner Freundin dies kund:

Steh auf, meine Freundin, meine Schöne, so komm doch!
Denn siehe, der Winter ist vergangen,
der Regen vorbei und dahin.
Die Blumen sind aufgegangen im Lande.
Die Zeit zum Singen ist da. Hld 2,10b–12a

6. Es ist nachvollziehbar, warum man dieses »Hohe Lied der Liebe«, das offenbar ein Wechselgesang zweier Liebender ist, mit in die Bibeltexte eingereiht hat. Ist nicht aus allen Texten ein Widerschein göttlicher Liebe zu spüren? Können die von Gott geschenkte Liebe, der Eros und die Sexualität nicht Hinweise auf die »göttliche Zärtlichkeit« sein?
Die Liebe zu erklären und zu beschreiben vermag menschliche Sprache vielfach nicht. Aber erinnert der nachfolgende Hymnus nicht an die Kraft und Stärke der Liebe?:

Große Wasser können die Liebe nicht löschen,
und Ströme spülen sie nicht hinweg.
Böte jemand seines Hauses ganzen Besitz
für die Liebe,
man würde ihn völlig verachten. Hld 8,7

Jesus und die Liebenden

Wer das Neue Testament befragen will, wie Jesus zu den Liebenden, zu Eros und Sexualität stand, der wird nicht viel dazu finden.
Diese Bereiche waren offensichtlich nicht im »Problembereich der Verkündigung«.
Aber es kann nicht hinwegtäuschen, daß Jesus mit Frauen einen geradezu liebevollen Umgang pflegte. Er tadelte die (jüdischen) Männer, die nur einen sogenannten Scheidebrief auszustellen brauchten, wenn sie ihre Frau los haben wollten. Er ließ sich auch von einer »Liebesdienerin« öffentlich die Füße massieren und salben, und mit Maria Magdalena hatte er

offensichtlich freundschaftliche Beziehungen. Aus vielen Situationen im Leben Jesu können wir erkennen, daß er Frauen gegenüber wenig Berührungsängste hatte.
Und er sprach oft und wiederholt von Liebenden, vom Hochzeitsmahl und von den Beziehungen zwischen Mann und Frau.
Wir können nur spekulieren, was wäre, wenn Jesus heute leben würde! Sicher wäre vieles ähnlich.
Die nach Beständigkeit und Erfüllung suchende Liebe zwischen Mann und Frau würde er zum Ausgangspunkt mancher Beispiele und Erklärungen nehmen. Er würde wahrscheinlich dort kritisieren, wo die Ausbeutung der Liebe, die Austauschbarkeit der Partner und die Reduzierung der Liebe auf Sex vorherrschen.

So möchten wir beginnen

Überall, wo ein Anfang gemacht wird, wo etwas beginnt, wird festgelegt oder wird geplant. Wenn zwei Menschen heiraten, dann tun sie das auch, jedes Paar auf seine Weise. Die einen haben das schon lange abgesprochen, andere wiederum setzen sich vor oder kurz nach der Hochzeit zusammen und schmieden hoffnungsvoll und konkret, was für sie wichtig ist. Manche schreiben sich das Vorgenommene sogar auf, weil sie mit dem Schriftlichen besser umgehen können. Und schließlich sollen noch jene erwähnt werden, die sich in dieser Richtung nichts vornehmen, aber durch ihre Harmonie unausgesprochen wissen, was für sie wichtig ist.

Ein wenig zum Schmökern und als Anregung einige Punkte:

- *Miteinander reden*

– über alles und jedes
– über was besser schweigen?
– Geheimnisse?
– nie ohne Versöhnung schlafen gehen

- *Miteinander umgehen*

– bei Verärgerungen
– Schlafenszeiten
– Grußgewohnheiten
– Essensverhalten

- *Außerhalb*

– sich nach Mitternacht durch Anruf melden
– monatlich einmal zum Essen/Tanzen ausgehen
– Vereinsmitgliedschaften

- *Gast und Freundschaft*

– ein offenes Haus haben
– oft Verwandte besuchen, einladen
– eine Gruppe/Familiengemeinschaft gründen

- *Haushalt*

– mit wenig Energieaufwand auskommen
– Teilung der Hausarbeit
– Zeitung – Fernsehumgang

- *Weltprobleme*

– Zeichen der Solidarität und des Teilens setzen

- *Glauben*

– wann miteinander beten?
– Sonntagsgestaltung

- *Beweglich bleiben*

– für Veränderungen im Beruf
– Wohnungseinrichtung
– Wohnort
– Meinungen . . .

- *Sexualität*
- – welche Sprache werden wir dafür haben?
- – reden können und wollen über Sexualität und Hoffnungen
- – Wünsche und Abgrenzungen

Die hohe Kunst der Flitterwochen

An die Autoantennen aller ankommenden Gäste wurden weiße Bänder gebunden. Das gab der ganzen »Hochzeits-Kolonne« eine besondere Note.
Und das Brautpaar ließ dieses weiße Band noch lange im Wind flattern, und sie flitterten nicht schlecht durch die Gegend. Einmal kamen sie in eine peinliche Lage: Wegen zu hoher Geschwindigkeit durch eine Ortschaft wurden sie von der Polizei gestoppt. Aber das weiße Band stimmte strenge Polizeiaugen milde. Und einmal bekamen sie sogar freien Eintritt. Für das flitternde Paar hat man so manches übrig!
Die einen starten bald nach der Hochzeit zu ihrer Traumreise. Andere verschieben sie auf später. Aber immer ist diese »Zeit danach« von Besonderheiten geprägt. Wie ausdrucksstark diese Tage sein können, vermittelt vielleicht ein Hochzeitsstrauß am Zelteingang des Campingplatzes oder gar der Aufkleber am Auto-Heckfenster: »Flitterpaar – bitte nicht stören!«
Die »hohe Kunst der Flitterwochen« – eine anspruchsvolle Aussage! Anspruchsvoll deswegen, weil die Träume dieser Zeit schon sehr bald von Realitäten eingeholt werden. Aber wer dennoch in dieser »Zeit danach« schöne, eindrucksvoll bleibende Dinge sucht, wird nicht nur Künstler der Flitterwochen, sondern auch der Lebensjahre sein.

Zärtliche Gedanken

Zärtlichkeit wird häufig in engem Zusammenhang zu Liebesspiel oder zur Eroberung des anderen Geschlechts verstanden. Zärtlichkeit so gesehen, ist zu wenig. Zärtlichkeit muß als Lebenshaltung gesehen und genommen werden. Der zärtliche Mensch ist behutsam in Wort und Tat, zu Pflanzen, Tieren und Maschinen ebenso wie im Gespräch, zu Kollegen und gegenüber fremden Menschen. Der zärtliche Mensch übergeht nicht die Gefühle des Partners und bejaht die Verletzbarkeit des anderen.

Wieviel Zartheit und Feingefühl muß in einem Menschen wohnen, wenn er einem Kind beim Abschied über das Haar streicht, liebevoll-tastend auf die Nase tupft oder wenn ein Mann seiner schwangeren Frau den Bauch streichelt . . .

Wieviel Spürsinn für die Dinge der Schöpfung wird sichtbar, wenn jemand das Fenster für eine Fliege öffnet, mit einer Pflanze spricht oder zur richtigen Zeit die Zigarette ausmacht.

Wieviel Zärtlichkeit strahlt ein Mensch aus, der die Empfindungen des anderen erahnt, frohmachende Worte für Verzweifelte sprechen kann oder mitfühlend schweigt . . .

Ein Mangel an Zärtlichkeit wird deutlich beim Herumschubsen eines Kindes, bei einer geballten Faust oder wenn das Liebesspiel eines Paares gleich in erogenen Zonen beginnt.

Grobheit äußert sich bei jemand, der die leere Flasche aus dem fahrenden Auto wirft, eine kurz vorher gepflückte Blume zermalmt, Grobheit zeigt sich beim dauernden Reifenquitschen in Kurven oder wenn jemand am Gashebel bleibt, obwohl der Beifahrer seine Angst äußert. Wie sehr fehlt die Zärtlichkeit bei einem Menschen, der flucht oder grobe Worte spricht; oder wenn kleinste Hoffnungskeime verächtlich niedergetrampelt werden.

Der zärtliche Mensch trachtet weniger nach Macht und Stärke, er sucht vielmehr danach, was der Partner sucht und braucht. Ein zärtlicher Mensch ist das Gegenteil von rau und roh, er ist zart, er ist zärtlich!

Aufgeschriebene Zärtlichkeiten

Streicheln
Schmusen
Massieren
Umarmen
Berühren
Haare kraulen
Klaps geben
In die Augen schauen
Aufmerksam sein
Hand-in-Hand-Gehen
Uni-dreß
Naschsachen auf den Schreibtisch legen
Zusammenkuscheln
Auch mal zwischendurch anrufen
Freudentränen
Von den Augen ablesen
.
.
.

Schreiben sie weiter!

Aus dem Buch Kohelet

Zwei sind besser als einer allein, falls sie nur reichen Ertrag aus ihrem Besitz ziehen. Denn wenn sie hinfallen, richtet einer den anderen auf. Doch wehe dem, der allein ist, wenn er hinfällt, ohne daß einer bei ihm ist, der ihn aufrichtet. Außerdem: Wenn zwei zusammen schlafen, wärmt einer den anderen; einer allein – wie soll er warm werden? Und wenn jemand einen einzelnen auch überwältigt, zwei sind ihm gewachsen, und eine dreifache Schnur reißt nicht so schnell. Koh 4,9–12

Ein Hochzeitslied

Gehst du mit mir,
dann folge ich dir an jeden Ort.
Sprichst du mit mir,
dann sage ich dir mein schönstes Wort.
Lebst du mit mir,
dann teil' ich mit dir mein Haus,
mein Brot.
Weinst du mit mir,
dann bleib' ich bei dir in aller Not.
Lachst du mit mir,
dann geh' ich mit dir auf jeden Tanz.
Schläfst du mit mir,
dann gebe ich dir mich selber ganz.
Träumst du mit mir,
dann zeige ich dir das Paradies.

Lothar Zenetti

Sich Kinder wünschen

Jeder Mensch, jedes Ehepaar sehnt sich irgendwann einmal nach einem Kind. Das ist ein natürliches Bedürfnis. Nur dort, wo gesundheitliche Gründe es nicht zulassen, muß notwendigerweise von Kindern abgesehen werden. Und dort, wo Menschen sehr auf sich bezogen leben wollen, werden Kinder ausgeschlossen. Ein Kind hat das Recht, erwünscht zu sein. Aber auch Eltern haben Rechte! Zunächst das Recht, für die Zeugung eines Kindes verantwortlich handeln zu dürfen. Aber auch das Recht, erwünschte Eltern zu sein ...

Einige wichtige Gesichtspunkte, die sie als künftige, christliche Eltern in ihre Überlegungen einbeziehen sollten:

1. Das Gewissen ist oberste Instanz allen Tuns! Das hat Christus selbst immer wieder deutlich gemacht, und das wird auch von Kirchenleitungen immer wieder betont.

2. 1968 brachte die katholische Kirche eine Enzyklika (Päpstliches Rundschreiben) heraus. Darin wird auf die verantwortliche Elternschaft eingegangen. Hier die wichtigsten Aussagen:

- Der Abbruch der Schwangerschaft als Mittel der Geburtenregelung wird verurteilt.
- Jeder Eingriff in keimendes Leben sowie eine bleibende oder zeitweise Unfruchtbarmachung wird abgelehnt.
- Sie bringt außerdem zum Ausdruck, daß es dem Gesetz Gottes nicht entspricht, durch künstliches Eingreifen die Möglichkeit der Zeugung neuen Lebens bewußt auszuschalten.

3. Besonders im Bereich der künstlichen Verhinderung einer Schwangerschaft ist in den letzten Jahren einiges in Bewegung geraten, und Verunsicherungen haben zugenommen. Die vielschichtigen Alternativbewegungen sind es vorwiegend, die neue Perspektiven einbringen. Sie lehnen häufig alle Mittel ab, die in den Hormon- und Lebenshaushalt des Menschen und der Natur eingreifen.

Komm mir nicht zu nahe

oder: Warum das französische Bett unerotisch ist . . .

Das französische Ehebett: ein Traum vieler angehender Ehepaare! Dabei raten nicht nur Psychologen davon ab, sondern auch viele, die dieses »Zusammenkuscheln« erprobt haben. Die Psychologen argumentieren so: Dauernde Tuchfühlung tötet die Erotik. Jeder Mensch braucht seinen Freiraum, und aus der Distanz heraus wird der Mensch erst fähig zur Erotik.

»Alles gemeinsam haben«, ist letztlich nicht durchzuhalten. Jeder Mensch ist eine eigene Persönlichkeit, und Gott hat ihm auch diese Einmaligkeit gegeben.

Viele Streitigkeiten wollen eigentlich zum Ausdruck bringen: »Komm mir nicht zu nahe!« und »Laß mir ein wenig Freiheit!« Nicht selten wird unbewußt ein Streit vom Zaun gebrochen, um dann einen Grund zu haben, vom verärgerten Partner weg und zum ersehnten Treff zu Freund oder Freundin in die Kneipe zu kommen.

Junge Eheleute sollten ihre Wohnung so einrichten: Wenn schon kein (eigenes) Arbeitszimmer für jeden möglich ist, so doch eine Ecke oder eine Schublade, die einem ganz allein gehört.

Prizipiell sollte ein Partner die Post und dergleichen des anderen respektieren; Abweichungen kann man ja von Fall zu Fall vereinbaren. Und auch noch so ein großes französisches Ehebett ist nicht selten die Ursache für getrennte Schlafzimmer!

Über die Ehe

Füllet einander den Kelch,
doch trinket nicht aus einem Kelche.
Gebt einander von eurem Brote,
doch esset nicht vom gleichen Laibe.
Singet und tanzet zusammen
und seid fröhlich,
doch lasset jeden von euch allein sein.

Kahlil Gibran

Reden ist Silber, Schweigen ist Gold

Nur ein Sprichwort? Es zeigt (wie viele andere auch) nur eine oder nur die halbe Seite auf. Ja, es gibt Augenblicke, wo Schweigen »Gold« wert ist. Gerade im Bereich der Liebe! Manche meinen sogar, eine glückliche Ehe bestehe darin, daß der Mann täglich einmal über etwas schweigt, was er eigentlich in bestimmter Weise anmerken wollte.
»Was ist herrlicher als Gold?«, fragte der König.
»Das Licht«, antwortete die Schlange. »Was ist erquicklicher als Licht?«, fragte jener. »Das Gespräch« antwortete diese *(Goethe)*. Viele Diskussionen bringen keinem der Partner etwas ein, weil zu oft versucht wird, dem anderen seine Meinung aufzudrängen. Aber das offene, ehrliche Gespräch, das Miteinanderreden im Fragen, Nachdenken und Versuch, Antwort zu geben, ist zweifellos Gold wert oder sogar noch mehr!

Gesprächszeit

Die durchschnittliche Gesprächszeit der Eheleute soll bei 7,5 Minuten pro Tag liegen.
Behalten Sie diese Zahl im Auge:
Wie viele sind es in einem halben Jahr nach der Hochzeit?
Wieviel nach 5 Jahren?
Wieviel nach 15 Jahren?

Einen Konflikt fair austragen

Es gibt kein konfliktfreies Zusammenleben von Menschen, schon gar nicht in der Ehe. Die Frage ist nur, wie fair ein Konflikt angegangen und bewältigt wird. Ein guter Streit verbindet eher*, ein schweigendes Ertragen von Problemen kann dagegen eher die Partnerschaftsatmosphäre vergiften. Gutes Streiten und Konfliktbewältigung sind erlern- und einübbar.

1. Voraussetzung für den Umgang mit Konflikten

- Streit und Konfliktlösung können nicht zwischen »Tür und Angel« geschehen. Also nicht während einer (konzentrierten) Arbeit oder am Telefon. Bitten sie in solchen Fällen ihren Partner, dieses Gespräch auf später oder auf den Abend zu verschieben.
- Gesprächsstörungen müssen ausgeschaltet werden. Das Miteinander-Reden geht also nicht während der Fernseher

* Vgl. gleichnamigen Buchtitel von *Bach/Wyden* (Diederichs Verlag).

läuft, bei offenen Türen oder wenn jemand nervös oder müde ist.

- Am besten ist es, wenn sich beide gegenübersitzen und sich anschauen.
- Sie können sich feste Zeiten für Gesprächs- und Konfliktstoffe ausmachen, z. B. Freitag abend oder am Frühstückstisch ...
- Seien sie sich bewußt, daß Streiten verbindet und daß man auf diese Weise den Partner ernst nimmt. Nur bei Menschen, die man (noch) mag, sucht man das Gespräch.

2. Grundlagen für eine Konfliktbewältigung

- Sich bewußt machen, daß es verschiedene Voraussetzungsstrukturen gibt. Oft ist ein Partner redegewandter als der andere, der eine ist mehr gefühlsbetont – beim anderen zählen die Argumente; der eine kennt und preist ein Urlaubsland – der andere fühlt sich dazu überredet; der eine verdient das Geld – der andere traut sich keine so großen Anforderungen stellen.
- Immer muß es die Möglichkeit geben, seinen Ärger (oder das momentane Befinden) zu sagen, auch dann, wenn eine Sache schon vorbei ist oder sich als Mißverständnis herausstellt.

Beispiel: Es war vereinbart, daß sie um 9 Uhr das Auto bekommt. Er kommt aber erst um 10 Uhr und begründet es sofort mit einer Autopanne. Trotzdem kann und darf sie noch ihren Unmut zeigen.

- Beim Gespräch im »Hier und Jetzt« bleiben. Der Ärger von letzter Woche sollte nicht mehr aufgewärmt werden.
- Die Sach- und Beziehungsebene beachten.

Beispiel: Der Mann beklagt sich, weil das Hemd nicht gebügelt ist (Sachebene). In Wirklichkeit steckt eine Beziehungsstörung dahinter. Er ärgert sich, daß seine Frau für die Freundin mehr Zeit aufwendet als für ihn.

- Es gibt oft mehrere Wahrheiten. So kann sowohl eine Frau im Recht sein, weil ihr Mann einen Kinobesuch versprochen hat, und ebenso der Mann, der heute völlig überarbeitet ist und statt ins Kino schlafen gehen möchte.
- Den Partner kann man in seiner Grundstruktur nicht verändern. Wenn beispielsweise ein Partner sehr ordnungsliebend ist, dann bleibt er dies im großen und ganzen ein Leben lang. Ebenso der Partner, der mehr die Unordnung mag! Nur ein klein wenig können Bemühungen und Vereinbarungen helfen, daß ein Zusammenleben einigermaßen harmonisch wird, trotz dieser Verschiedenheiten.
- Kompromisse sind nicht selten faul! Besser klare Vereinbarungen treffen! Ein Kompromißvorschlag wie »Ich gehe auch mit auf den Fußballplatz, wenn du mit mir zum Bummeln gehst«, birgt nur die Gefahr neuer Konflikte in sich. Was den Fußballplatz (des Mannes) betrifft, gibt es bessere Lösungen, z. B. nicht so lange wegbleiben, auch einmal ausfallen lassen, gutes Alternativprogramm für die Frau finden usw.

3. Miteinander besser reden

- Nur solche Argumente bringen, die auch begründet werden können und sie dem Partner verständlich und annehmbar vermitteln.
- Vorwürfe drängen den Partner zunächst in die Abwehrstellung. Statt Anschuldigungen sollten sie ihr Unbehagen, ihre Unzufriedenheit oder den Ärger zum Ausdruck bringen.
- »Ich«-Formulierungen bevorzugen, z. B.:

»Ich möchte, daß du nicht soviel trinkst!«
»Mich stört, wenn die Küche nicht aufgeräumt ist!«
statt:

»Trink nicht soviel!« (Befehl)
»Immer ist die Küche so unordentlich!« (Vorwurf)

- Bedürfnisse sollen zum Ausdruck kommen:

»Ich möchte gerne ein Geschenk von dir« (statt warten, hoffen und dann enttäuscht sein).

- Gefühle zum Ausdruck bringen statt Beurteilungen und Interpretationen. Also lieber sagen.

»Ich freue mich, daß . . .«
»Ich habe jetzt eine Stinkwut . . .«
statt:
»Du wirst jetzt richtig ausfallend!« (Beurteilung)
»Du möchtest wahrscheinlich, daß ich jetzt gehe!« (Interpretation).

- Informationen geben: Die Aussage: »Der Autotank ist leer« kann beim Partner Aggressionen oder Vorwürfe auslösen. Bei der Zusatzinformation: »Mir ist leider das Geld ausgegangen«, kann mit versöhnlichen Reaktionen gerechnet werden.
- Öfter mal das Gehörte wiederholen: »Habe ich dich richtig verstanden, du möchtest . . .« Solche Nachfragen entspannen die Atmosphäre und helfen Mißverständnisse vermeiden.
- Den Mut haben zum Entschuldigen und Verzeihen: Um Verzeihung bitten ist wohl schwerer als zu verzeihen; aber Bittende sind und bleiben liebenswerte Menschen, denen man auch künftig im Konfliktfall nicht aus dem Wege geht.

Ich bin nur eine Frau

Bei vielen (jungen) Ehepaaren soll das ja wunderbar klappen: Job-sharing nach Bedarf und Möglichkeit, Teilung der Hausarbeit, gemeinsame Verantwortung für die Erziehung der Kinder und »Gleichberechtigung« in den verschiedenen Bereichen des täglichen Miteinanders. Ist das wirklich so? Stellen wir ein paar Fragen, nicht nur an *ihn* oder an *sie*, sondern an *beide:*

- Wie ist das mit der Figur? Ist das auch noch später möglich, daß die Frau auf ihre Figur achten muß und der Mann weniger?
- Ist es eine stille Übereinkunft, daß sich die Frau hübsch anziehen und mit gepflegten Haaren am Frühstückstisch aufwarten muß, während der Mann die Zeitung liest?
- Wird einer (Haus-)Frau zugestanden, daß sie ob ihrer monatlichen Menstruationsbelastung einige Tage im Beruf und Haushalt, im Kinderzimmer und in der Küche der Unterstützung und Hilfe bedarf?
- Können Frauen ebenso wie Männer Freizeitansprüche stellen, angefangen vom Ausgehtag im »Babyzeitalter« bis zum Sonntagsprogramm (bei Männern oftmals Frühschoppen oder Fußball genannt)?
- Sind Kinder und Küche für den Mann nur Hobby-Angebote, oder werden echte Entlastungen für die Frau gesucht?
- Gleichberechtigung der Namen: Unterschriftsberechti-

gung; Eintragung in das Telefonbuch, Türschilderbeschriftung ...

- Allgemein geltende Zuständigkeitsbereiche: Mann geht Sonntags zum Frühschoppen – Frau kocht zu Hause.
Frau schiebt Kinderwagen – Mann trägt Picknickkorb.
Mutter betet am Bett mit dem Kind – Vater wechselt Glühbirne aus.
Sprechen sie vor der Ehe darüber! Handeln sie in der Ehe als Partner!

Aus einer Forschungsarbeit

Universität Oldenburg, 1986

Befragt wurden 667 Ehepaare, die in den Jahren 1950, 1970 und 1980 geheiratet haben.
Hier die Ergebnisse der Ehepaare, die 1980 geheiratet haben:
Bei 92,0% der Ehepaare ist Waschen ausschließlich Frauensache.
Bei 75,3% der Ehepaare ist Kochen ausschließlich Frauensache.
Bei 65,6% der Ehepaare ist Autowaschen ausschließlich Männersache.
Bei 92,98% der Ehepaare sind Reparaturen in der Wohnung ausschließlich Männersache.

Sich gemeinsam Freunde suchen

In einer etwas bissigen Aussage rät *M. Pressle* den jungen Ehefrauen, gleich zu Beginn alle Freunde ihres angetrauten Ehemannes in die Flucht zu kochen.

Seine Freunde sind nach der Eheschließung vorsichtiger, wenn sie wegen einer Stammtischrunde anklopfen; und Freundinnen der jungen Frau beäugen mit einer Mischung von Eifersucht und Ausgestoßensein den Eindringling in den Freundinnenkreis.

Einige Überlegungen für gemeinsame Freunde

- Sofern sich die »fremden Freunde« nicht schon vorher kennen, bedarf es einer liebevollen Vorstellung und Einführung, damit sich keine Vorurteile breit machen und keine mißverständlichen Abneigungen einschleichen können.
- Gegensätzliche Ausrichtungen sachte behandeln, z. B.: Er ist ein ausgekochter Wanderer, ebenso sein Freund. Sie wandert auch nicht ungern, aber ihre Freundinnen sind dafür nicht so zu begeistern. Ein ausgedehnter Spaziergang mit einem gemütlichen Treff zum Abschluß kann hier mehr Freundschaft anstoßen als ein Vorschlag zu einer ausgiebigen Tour.
- Ein Partner kann dem anderen schon vorher einige Dinge über Freunde erzählen. Dabei können durchaus Empfindlichkeiten und Eigenheiten angesprochen werden. Der Partner kann sich so besser auf seine neuen Bekannten einstellen.
- Neue gemeinsame Freunde kommen über Kollegen, Weiterbildungskurse, Freizeit usw. Gemeinsame Unternehmungen fördern den Kontakt besser als lange Diskussionsrunden.
- Und letztendlich die Frage: Müssen Freunde des Partners auch meine Freunde werden? Sicher nicht, wenigstens nicht in jedem Fall! Für eine Partnerschaft bedeutet das aber, dem anderen seine Freunde zu lassen, sie nicht zu belächeln, und einfach nett zu ihnen zu sein.

Eltern, Schwiegereltern, Tanten . . .

Warum gibt es eigentlich so viele böse Witze, Geschichten und Lieder über Schwiegermütter und nahezu nichts über Schwiegerväter? Bei den Vätern wird eher von einem Mann-zu-Mann-Verhältnis gesprochen. Wir müssen hier keineswegs den Gründen nachgehen, aber es könnte ein Anstoß zum Nachdenken sein.

Am häufigsten entstehen Schwierigkeiten zwischen dem jungen Paar und deren Eltern, wenn die ältere Generation der jüngeren Impulse und Verhaltensweisen vermitteln will und dies von einem der jungen Eheleute oder beiden nicht akzeptiert wird.

Vielleicht verstehen sich die Männer deswegen besser, weil in den meisten Fällen der Schwiegervater dem Schwiegersohn aufgrund mangelnder Kenntnisse nicht in den Beruf dreinreden kann!

Hier einige Überlegungen für den Alltag:

- Zunächst möchte ich die Wichtigkeit betonen, daß das junge Paar nicht nur eine eigene Wohnung mit eigenem Eingang hat, sondern möglichst auch eine Wohnung, in der die Schwiegereltern nicht täglich ein- und ausgehen (ausgenommen in Sondersituationen, wie zum Beispiel bei einem Pflegefall).
- Die Eifersucht spielt häufig eine wichtige Rolle. Wenn beispielsweise Mutter und Tochter nach Ansicht des jungen Ehemannes zuviel zusammenstecken und er sich vernachlässigt fühlt! Hier, wie auch in umgekehrten Fällen ist es wichtig, dies anzusprechen, statt die liegengebliebene Arbeit als Vorwand oder Vorwurf erwähnen.
- Oder: Die Mutter des Mannes drängt sich zu sehr in den (Ehe-)Haushalt. Hier sind Lösungen nur dann möglich, wenn

sich der Mann deutlich und klar hinter seine Frau stellt, auch in solchen Fällen, wo die Mutter vielleicht sogar im Recht ist! Die junge Ehe muß reifen und wachsen und darf von außen nicht gestört werden!

- Hohe Erwartungshaltungen: Wenn Eltern oder Schwiegereltern erwarten, daß das junge Paar die Wochenenden immer oder häufig bei ihnen verbringt. Ohne die Wichtigkeit der Kontakte zu schmälern, ist hier die Frage berechtigt, ob ein Partner oder beide die Loslösung vom Elternhaus noch nicht vollzogen oder diese den Eltern nicht deutlich gemacht haben.
- Die Tanten und Onkel können in einer jungen Ehe kräftig mitmischen, besonders wenn sie im Haus oder in der Nähe wohnen. Hier wie auch in oben beschriebenen Situationen gilt der Grundsatz: Eine harmonische und freundschaftliche Beziehung kann nur bestehen und wachsen, wenn die eine oder andere Seite nicht mit Geld, Macht oder Bevormundung das Verhalten und die Entscheidungen beeinflussen möchten. Wenn das auch nur ansatzweise geschieht, muß es angesprochen, besprochen und Konsequenzen gezogen werden.

So stelle ich mir die Freizeit vor

Die meisten Liebespaare verbringen viel Freizeit vor der Eheschließung miteinander! Sie lernen dabei miteinander die Gewohnheiten und Freizeitbedürfnisse kennen und hoffen, daß dies in der Ehe so bleibt.

Andere gehen einen Schritt weiter. Sie erahnen, daß das Freizeitverhalten der »ungebundenen Jahre« sich anders ausdrücken kann als später, wenn Heim und Häuslichkeit mehr im Vordergrund stehen und der Unternehmungsgeist nachläßt. Sie fragen nach dem, was einmal sein wird und wie sich das auf ein Zusammenleben auswirkt.

- Viele meinen, nur wenn beide gleiche Freizeitinteressen haben, kann eine Ehe glücklich werden. Gemeint ist wahrscheinlich, daß es ein kritischer Ehealltag werden wird, wenn beide ein grundsätzlich verschiedenes Freizeitverhalten haben (z. B. ist der eine ein fanatischer Sportfan und der andere ein leidenschaftlicher Faulenzer).
- Wenigstens in einer Sache sollten Gemeinsamkeiten vorhanden sein, beispielsweise gelegentliches Kartenspiel oder gemeinsames Schwimmen.
- Besondere Vorlieben eines Partners gefährden keineswegs die Eheharmonie, wenn der andere auch eine sinnerfüllte Freizeitbeschäftigung hat und wenn gegenseitiges Entgegenkommen praktiziert wird.
- Auch den Partner kann man für ein Hobby oder eine Lieblingsbeschäftigung gewinnen. Dabei darf anfangs der »Neuling« nicht überfordert werden; dazu muß eine gelokkerte, spaßbringende Atmosphäre gesichert sein.

Valentinstag ist immer!

Manchmal sehen sie auf der Straße ein älteres Paar händchenhaltend gehen. Sie denken dabei: Bei diesen beiden ist Liebe noch lebendig; wie schön!
Leider ist es bei vielen Paaren schon nach ein paar Jahren nicht mehr üblich, eng umschlungen oder händchenhaltend zu gehen oder bei gesellschaftlichen Zusammenkünften nebeneinander zu sitzen, wo ein Partner dem anderen die Hand um die Schulter legt oder anderweitig zärtlich zu seinem Partner ist.

Liebende haben einen Tag im Jahr: Am 14. Februar ist Valentinstag! Besonders Blumengeschäfte erinnern uns daran rechtzeitig! Und wer erinnert sonst noch daran?
Nicht nur an den Hochzeitstagen, dem Tag des Kennenlernens, dem Tag X. Dieser Tag kann immer sein, wenn auch nicht jederzeit und immer:

- Ohne Anlaß Blumen oder ein kleines Geschenk mitbringen.
- Anrufen, auch wenn es nichts zu berichten gibt.
- Zum Tanzen gehen, . . . einfach so.
- Spontan zum Essen oder ins Kino gehen.
- Das Sätzchen »Ich mag dich« auch zwischendurch sagen.

Wie der hl. Valentin zum Patron der Liebenden wurde

Niemand weiß genau, wann und wo er gelebt hat.
Er war jedenfalls Einsiedler und schenkte allen Vorbeikommenden eine Blume aus seinem Garten. Die Verliebten haben diesem schenkenden Mönch zuallererst dies abgeschaut!

Das »Mon-Chéri-Wunder«

Es war am Morgen des Valentinstages. Wir kauerten auf dem Teppichboden, bereit zum Morgenimpuls. Vom Geben und der Liebe war die Rede, und eine romantische Musik stimmte uns ein in das Tagesgeschehen.
Unter dem Projektionstisch hatte ich eine Schachtel Mon-Chéri gelegt, um sie dann als »Valentinsgabe« auszuteilen. Aber einige in der Nähe Meditierende bedienten sich aus der Schachtel schon vorher.
Ich hatte zudem den Fehler begangen, beim Einkauf der Mon-Chéri-Schachtel die Anzahl der Süßigkeiten nicht mit der tatsächlichen Teilnehmerzahl abzustimmen. Ich sagte das auch freimütig. Viele bedienten sich der angebotenen Süßigkeiten, aber so manche kamen mir dahingehend entgegen, daß sie aufopfernd verzichteten. Großzügigerweise auch die voreiligen Nascher!
Ich dachte in diesem Augenblick an die Brotvermehrung Jesu. Auch bei uns blieben einige dieser Schokoladekirschen übrig, und so konnten wir auch noch dem Küchenpersonal einen Valentinsgruß bringen.
Ja, so geht es im Leben. Wunder gibt es immer wieder! Und »Wunder« können nur dort geschehen, wo die Bereitschaft zu einem »beglückenden Verzicht« gegeben ist.

Rendezvous in der Ehe

Seit dem Frühstück weiß ich es.
Ich warte schon auf diese Stunde.
Meinen Leib habe ich liebevoll gepflegt,
und andere Kleider trage ich.

Es drängt mich,
Blumen zu holen.
Ich werde sie im Blickfeld plazieren.
Das Bett habe ich neu bezogen
und den Staub von der Kuschellampe geblasen.

Hoher Besuch?
Hauseinweihung oder Geburtstag?
Nein, wir erwarten uns,
mein Goldschatz und ich.
Es ist, als hätten wir uns lange nicht mehr
gesehen.
Wir geben uns heute ein stilles Rendezvous.

Schätzchen hin und Schätzchen her

Ach, wie lange ist denn das schon her?

Wenn sich nach Jahren die Eheleute mit »Schatz« oder »Liebling« anreden, dann sind jene, die das hören und erleben, angenehm berührt. Da sind zwei, die ihre zärtliche Sprache bis in die Namensgebung hinein beibehalten haben. Und das spricht für diese Ehe! Dann gibt es auch noch jene, die ganz romantische Kosenamen für ihren Partner haben, diesen aber nur verwenden, wenn sie allein sind. Einfach super, wenn nicht ein Haken dabei wäre: Auch die Bezeichnung bzw. Anrede »Schatz« kann zum routinierten Namensruf werden. Und noch etwas ist überlegenswert! »Mausi« oder »Liebling« sind irgendwie anonym; der eigentliche Name, die eigentliche Persönlichkeit kommt dabei nicht zum Vorschein.

Manche gehen schnell auf die Kindersprache über, und dann wird Karl auf einmal von seiner Frau »Papi« genannt und er nennt seine Frau »Mama«. Eigentlich schade, weil diese Eheleute viel von ihrer Partnerschaft abgeben und ihren Gefährten vom »Du« in den »Familienkreis« abschieben. Ganz harte Brocken scheinen die Bezeichnungen »Mein Alter« oder »die Chefin« zu sein. Sicher kann man bei solchen Ausdrükken auch eine gewisse derbe Zärtlichkeit heraushören. Dennoch ist eine abwertende Haltung nicht wegzuleugnen.

Ich meine, der Name ist das schönste Geschenk, das ich immer wieder einem Menschen machen kann. Nennen sie »Ihn« oder »Sie« daher so oft wie möglich mit Vornamen. Also nicht einfach »Guten Morgen«, sondern »Guten Morgen Inge«. Nehmen sie den Namen des anderen ernst, seinen richtigen Namen oder seinen Kosenamen!

Auch diese Frage sollten zwei Liebende ansprechen: Wie möchte ich auf keinen Fall genannt werden? Und: Wie wäre mir das Aussprechen meines Namens am liebsten?

Wenn du mich rufst: »He, kommst Du?«,
weiß ich nicht, was du sagst,
habe ich Lust, nicht zu antworten.
Rufe mich also nicht, wie du einen
Nachbarn rufst,
einen Freund, den du auf der Straße triffst.

Ancelle

Gemeinsam glauben

Ohne Zweifel haben es konfessionsverschiedene Ehepaare prinzipiell schwerer; ein gläubiger Christ mit einem Nichtchristen oder Glaubenslosen noch mehr.
Das Versprechen vor der Ehe zu Toleranz mag in vielen Fällen weitgehend eingehalten werden. Aber dann muß den Kindern klargemacht werden, warum der andere Elternteil beim Gebet und Gottesdienst nicht mitmacht! Dann bleiben oft Traurigkeit oder Appelle an die Toleranz übrig, wenn die einen wollen und die anderen nicht. Zerrissenheit im Glauben offenbart auch Nichtbeisammensein in anderen Dingen.
Gemeinsam glauben heißt auch:

- Miteinander reden können über Hoffnungen, Ängste, Lebensziele und den Sinn des Lebens.
- Miteinander etwas tun in den Dingen, die nicht nur Geschäft, Geldverdienen und Erholung zum Inhalt haben.
- Antworten geben können, wenn Kinder mit den vielfältigsten Sinn- und Gottesfragen kommen.
- Vor und nach dem Sterben eines Partners gemeinsame Absichten verfolgen.
- Sich gegenseitig stützen und bestärken in Gebet und Glauben.

Ich will bei dir bleiben; denn wo du hingehst,
will auch ich hingehen;
wo du bleibst, da bleibe ich auch.
Dein Volk ist mein Volk,
und dein Gott ist mein Gott.

Rut 1,16

Impulse für das junge Paar
(zum Reden, Anstoßen und Planen)

- Was bedeuten ihnen Glaube, in der Gemeinde leben, Gott, Jesus, Erlösung?
- Welchen Sinn, welches Ziel sehen sie im gemeinsamen Leben?
- Welche Rolle wird der Glaube im Wohnungsbereich spielen (religiöse Symbole, gemeinsam beten, Gestaltung von christlichen Festen und Sonntagen . . .)?
- Welchen Kontakt wünschen sie sich zur Gemeinde? Sind sie aktiv dabei?
- Wie wollen sie auf die religiöse Erziehung der Kinder einwirken (Taufe, wenn Kinder nach Gott fragen; wer betet am Bett mit dem Kind das Abendgebet)?

Selig seid ihr, wenn ihr Treue lebt

Ein 19jähriges Mädchen sucht sich über ein Inserat einige Tage vor einem vorgesehenen Auslands-Trip eine Begleitung. Und als sich dann ein gleichaltriger Junge meldet und das Mädchen sich dafür entscheidet, staunen die Angehörigen und Bekannten nicht wenig. Sie staunen auch deswegen, weil sie ohne ihren Freund, der beruflich verhindert ist, in die Ferne reist.
Ganz ehrlich: Schleichen sich da bei uns nicht Gedanken an Untreue ein? Betreten und fast feierlich-stolz schweigen alle nach dieser Reise, als sie offensichtlich überzeugt werden, daß dieses Mädchen treu war. Ihre Treue scheint auf harten Fels gebaut zu sein!
Bloßes Pflichtbewußtsein oder mangelnde Gelegenheit zur Untreue müssen noch lange nicht Treue sein! Ein Ehepartner

oder Geliebter ist noch lange nicht treu, nur weil er versucht, sich nicht mit einer fremden Frau sexuell einzulassen.

Treue heißt Freiheit! Ist jemand nicht wirklich frei und froh, wenn er auf Geschäftsreise oder in Kur fest von der Treue und Verbundenheit des Partners weiß?

Treue heißt, sich auf jemanden verlassen können! Das zeigt sich auch im sonstigen Alltagsleben. Wenn sich z. B. ein Freund darauf verlassen kann, wenn ich ihm die Mithilfe beim Umzug verspreche.

Treue heißt Ehrlichkeit! Untreue Menschen mogeln auch sonst oft gegen sich selbst und gegen andere. Zur Ehrlichkeit gehört das offene Erzählen und Berichten. Nach dieser Ehrlichkeit sollen auch Menschen fragen, die Aussagen treffen wie: »Ich werde dich immer lieben und ich nehme mir das fest vor. Aber man weiß nicht, wie sich alles entwickelt.«

Treue heißt Liebe. Damit meine ich, sich nicht vorwiegend gegen andere abzugrenzen, sondern etwas Konstruktives, Schöpferisches für den Partner zu tun. Ihm zeigen, daß er an erster Stelle steht. Oft gibt es ziemlich vertrauliche, wenn auch unbegründete Beziehungen zu fremden Partnern. Gerade hier kann man um den Partner willen zurückstecken. Hier beginnt Liebe und Treue.

Treue heißt, ganzheitlich zum Partner zu stehen. Auch das grenzt an Ehebruch, wenn man bei anderen Leuten über seinen Partner klagt.

Treue heißt, so treu zu sein wie Gott zu euch.

Aus dem Trau-Ritus

Ich nehme dich an als meine Frau / meinen Mann und verspreche dir die Treue in guten und bösen Tagen, in Gesundheit und Krankheit. Ich will dich lieben, achten und ehren, solange ich lebe.

Was kann man alles nach der Eheschließung tun?

Zunächst gilt: Ein junges Paar braucht viel Zeit, um ihr »Nest zu bauen«. Ein Mann, der sich ehrenamtlich betätigt, soll wenigstens eine Zeitlang zurückstecken (und das auch den anderen gegenüber begründen). Die Freundinnen der Frau werden es verstehen, wenn sie sich zunächst etwas mehr zurückzieht. Aber das soll alles nur vorübergehend sein. Auch Menschen in einer Partnerschaft sollen sich keine Inselsituation schaffen. Alle Menschen brauchen Freunde und sinnvolle Aufgaben für die Gemeinschaft. Dabei gilt, nur soviel zu tun, als möglich ist und als es Spaß macht.

Wo kann man sich sinnvoll betätigen?

- Familiengruppen (im Pfarramt erfragen)
- Mitarbeit bei Kleinkindergottesdiensten
- Elternbeiräte (Kindergarten und Schule)
- Wahlhelfer
- Kirchliche Dienste (Kirchenchor, Lektorendienst usw.)
- Bürgerinitiativen
- Mitarbeit bei Gemeinde- oder Pfarrfesten
- Mitarbeit bei Vereinen
- Übernahme eines Mandates: Gemeinderat, Pfarrgemeinderatsmitglied u. ä.
- Kinder- und Jugendarbeit: Kommunion- und Firmgruppen.
- Mitarbeit im Sachausschuß Jugend des Pfarrgemeinderates
- Gestaltung von Straßenfesten, Kinderspielplätzen
- Fahrdienste für Schule, Kindergarten, bei Kinder- und Jugendausflügen
- Weiterbildung: Kurse und Vorträge der Volkshochschule und des katholischen Kreisbildungswerkes

- Den Hochzeitstag feiern. Haben sie den Mut, ihren Partner anzusprechen, wenn sein Termingedächtnis nicht gerade stark ist, z. B. »Morgen abend könnten wir eigentlich zum Essen gehen – und weißt du warum?«
- Ein »Familienbuch« anlegen. Alles, was für die werdende Familie interessant und erinnerungswürdig ist, kann eingeklebt oder aufgeschrieben werden.

Aus dem Alten Testament

Wenn ein Mann neu vermählt ist, muß er nicht mit dem Heer anrücken. Man soll auch keine anderen Leistungen von ihm verlangen. Ein Jahr darf er frei von Verpflichtungen zu Hause bleiben und die Frau, die er geheiratet hat, erfreuen. Deuteronomium 24,5

Hochzeitstage feiern

Fast kein Fest wird im Leben eines Menschen so schön und feierlich begangen, wie die Hochzeit. Und dann ist dieser Hochzeitstag vorbei. Die Erinnerungen bleiben, und deshalb braucht man nicht traurig zu sein. Im Gegenteil, man kann sich freuen und lachen, weil es einmal so schön war.

Die Erinnerungen sind ständige Begleiter. Aber Markierungspunkte soll man setzen, wo dieser Hochzeitstag in seiner Erinnerung zur gebührenden Geltung kommen soll. Dazu braucht man nicht bis zum silbernen Jubiläum zu warten.

- Nach einem Monat
- Nach 100 Tagen
- Nach einem Jahr (baumwollene Hochzeit) und selbstverständlich jedes Jahr
- nach 1000 Tagen
- nach 5 Jahren (hölzerne Hochzeit)
- nach 10 Jahren (Rosenhochzeit)
- nach 15 Jahren (Kristallhochzeit)
- nach 25 Jahren (silberne Hochzeit)
- nach 40 Jahren (Rubinhochzeit)
- nach 50 Jahren (goldene Hochzeit)
- nach 60 Jahren (diamantene Hochzeit)
- nach 70 Jahren (Gnadenhochzeit)
- nach 75 Jahren (Kronjuwelenhochzeit)

Vorschläge zur Gestaltung

- Ein festliches Frühstück halten, auch wenn es ein normaler Arbeits- oder Schultag ist
- Die Trauungskirche besuchen
- Fotos, Filme vom Hochzeitstag anschauen
- Kleines Familienfest veranstalten
- Das Ehepaar geht (allein) zum Essen, Tanzen aus, macht einen Ausflug
- Die Brautkerze anzünden

Bildquellen

15 Josef Griesbeck, Altötting
22 Pohl/foto-present, Essen
37 Pohl/foto-present, Essen
69 foto-present, Essen
90 Josef Griesbeck, Altötting
96 J. Thür, Quelle unbekannt
101 Josef Griesbeck, Altötting
105 KNA, Frankfurt

Textquellen

11 Johanna Moosdorf: Ich habe einen Schnee gehäuft. Quelle unbekannt.

16/17 Gerhard Kiefel: Wünsche einer Mutter an ihren Sohn. Verlag Johannes Kiefel, Wuppertal.

17 James/Jongeward: Wachsen, aus: James, M./Jongeward, D.: Spontan leben. Übungen zur Selbstverwirklichung. Rowohlt Verlag, Reinbek 1974.

48 Rudolf Otto Wiemer: Für zwei Liebende. Rechte beim Autor.

49 Marie-Luise Kaschnitz: Maß der Liebe. © 1957 Claassen Verlag, Hamburg.

50/51 Komm, bau ein Haus. Text: S. K. Barth, P. Horst, H.-J. Netz – Musik: P. Janssens, aus: Unkraut leben 1977. Rechte: Peter Janssens Musik-Verlag, Telgte/Westfalen.

52 Wunsch für die Ehe, aus: Durch das Jahr – durch das Leben. Hausbuch der christlichen Familie. Verfaßt von H. Garritzmann, L. Hearst, H. Heming, P. Neysters, H. Rüenauver, K. H. Schmitt, Klaus Tigges. Kösel-Verlag, München 1982.

53 Klemens Tilmann: Liebe ist gewiß eine mächtige Wirklichkeit, aus: Klemens Tilmann: Die Führung zur Meditation. Benziger Verlag, Zürich.

55 Ladislaus Boros: Geliebtsein ist eine Zumutung, aus: In der Versuchung. Meditationen über den Weg zur Vollendung. Walter-Verlag, Olten 1972.

62 Der zerbrochene Ring (frei erzählt nach einer Sage). Quelle unbekannt.

63 Martha Solmar: Das Verschüttete. Quelle unbekannt.

82 Lothar Zenetti: Ein Hochzeitslied, aus: Texte der Zuversicht, Pfeiffer-Verlag, München 1981.

85 Kahil Gibran: Über die Ehe, aus: Der Prophet. Walter-Verlag, Olten 1972.

101 Ancelle: Wenn du mich rufst, aus: Bis sich der Einklang ergibt. Verlag Styria, Graz/Wien/Köln ^{3}1969.